高中数学思维拓展研究

张英杰　编著

苏 州 大 学 出 版 社

图书在版编目(CIP)数据

高中数学思维拓展研究 / 张英杰编著．—苏州：苏州大学出版社，2023.9
ISBN 978-7-5672-4421-4

Ⅰ.①高… Ⅱ.①张… Ⅲ.①中学数学课-高中-教学参考资料 Ⅳ.①G634.603

中国国家版本馆 CIP 数据核字(2023)第 131603 号

书　　名：高中数学思维拓展研究
编　　著：张英杰

责任编辑：肖　荣
装帧设计：吴　钰

出版发行：苏州大学出版社(Soochow University Press)
社　　址：苏州市十梓街 1 号　**邮编**：215006
印　　装：广东虎彩云印刷有限公司
网　　址：www.sudapress.com
邮购热线：0512-67480030
销售热线：0512-67481020

开　　本：700 mm×1 000 mm　1/16　**印张**：12.75　**字数**：172 千
版　　次：2023 年 9 月第 1 版
印　　次：2023 年 9 月第 1 次印刷
书　　号：ISBN 978-7-5672-4421-4
定　　价：49.00 元

前言 Preface

光阴似箭，日月如梭.转眼间，我已经在教育战线工作了33个年头.

回顾过往岁月，不管是作为一名高中数学教师，还是作为一名高中数学教研员，我一直致力于数学教与学的实践与研究.我的信念是：稳中求进，通权达变，活中求能，提高素养.

《高中数学思维拓展研究》这本书的创作灵感来源于此，希望能给高中教师和学生带来些许帮助.

三尺讲台、一支粉笔

人民教育家于漪说，三尺讲台，关系孩子的生命历程；上课的质量，影响孩子的生命质量.所以，我一直非常重视课堂质量，用一支粉笔，专心书写着自己33年的春秋寒暑.在周而复始中，埋头于教育教学工作：备课，授课，听评课；备课标考纲，备教法学法，备教材学情；批改作业，面谈学生，个性化辅导.

我把探讨和反思、传承和创新渗透进每一个教学环节中，因而能在貌似重复而单调的数学教学中看到五彩缤纷的世界，把“三尺讲台、一支粉笔”的作用发挥到极致，让一张浓缩的试卷彰显出生命的光芒.

不忘初心、牢记使命

教育事业是一个对人的一生负责任的事业.作为一名教师,我时刻牢记教育初心和使命,为党育人,为国育才,培养担当民族复兴大业的时代新人.这让我不断思考:在实际教学过程中,我们如何守住教育初心?

稳中求进、行稳致远

在数学教学中,"稳"很重要.这里所说的"稳",就是夯实基础,积累经验.

经验来自实际操练,这是一笔宝贵财富,能在很大程度上帮助我们快、准、稳地处理教学中的问题.在教与学的过程中,不管是教师还是学生,有意识地积累经验至关重要.比如,我在上篇"聚焦高考"中提到,高考考什么?如何考?考到什么程度?这些问题都是教师对高考大纲、课标及试题进行研究和分析之后得出的经验.借助这些经验,教师就可以把握高考方向、有的放矢、因材施教,从而提高高三复习的实效性,有条不紊、得心应手地驾驭课堂,与学生一起共克难关.

变中求新、活中求能

我们知道,仅仅依靠经验和技术支撑教学,思维很有可能会被固化,犹如"刻舟求剑",墨守成规,死守教条.朱永新教授曾说:"教育需要思想的光芒,走出经验的泥沼,迎接理性的朝阳.再不能用一张教育的旧船票不断重复昨天的故事,也不能把一张教育的旧乐谱不停地老调重唱."先进的思想、灵活的思维、实时的创新会给我们的教学带来新的活力.对学术理论的学习研究、对教育教学的反思感悟以及对学生生命力的挖掘,无不来自我们的思想光芒和心灵智慧.例如,函数及导数的应用将"稳中求变、变中求新、新中求活、活中求能"的高考特点展现得淋漓尽致.

问渠哪得清如许，为有源头活水来

《高中数学思维拓展研究》这本书从“聚焦高考”到“实例探析”，理论与实践相结合，从教师肩负的责任、学生的认知特点、数学问题的本质以及生命发展的规律出发，探析我个人的教学思想和实践经验，希望与专家和同行们交流、沟通及探讨.

本书的出版得到了苏州大学出版社有关领导和同仁的大力支持，也得到了同事们的很多帮助，在此，我致以最诚挚的谢意！

目录 Contents

上篇 聚焦高考

高考题“冷热点” …………………………………………………… (3)
高考题核心素养 …………………………………………………… (21)
高考函数应用问题 ………………………………………………… (55)
高考零点问题 ……………………………………………………… (64)
高考离散型随机变量试题 ………………………………………… (76)

下篇 实例探析

放缩法在不等式中的应用策略探析 ……………………………… (85)
导数应用中求曲线的切线方程策略探析 ………………………… (92)
导数应用中函数的构造策略探析 ………………………………… (95)
函数单调性问题解题策略探析 …………………………………… (99)
三次函数问题解题策略探析 ……………………………………… (110)
函数与其导函数图象间的关联探析 ……………………………… (120)

集合和函数部分高频考点解题策略探析 ……………………（126）
分类讨论思想的应用策略探析 ……………………………（132）
信息型试题解题策略探析 …………………………………（144）
解析几何中常见考点解题策略探析 ………………………（152）
抛物线母题变式延伸探析 …………………………………（163）
数列中最值问题解题策略探析 ……………………………（166）
创新与应用问题探析 ………………………………………（173）
二项分布问题探析 …………………………………………（179）
二项分布与超几何分布问题探析 …………………………（184）
二项式通项公式的应用问题探析 …………………………（187）
师生就“两函数图象交点个数问题”的探析 ………………（190）
师生就一道向量题的探析 …………………………………（193）

上篇

聚焦高考

对高考题的研究，不论是对于考生、家长，还是对于一线教师来说，一直以来都是一个热门话题，只是大家研究的角度不同而已. 作为高中数学教研员，笔者平时研究得更多的是高考考什么、如何考、考到什么程度，然后再指导师生如何应对高考，提高复习的实效. 笔者将平时自己的研究整理成聚焦高考篇，以期对高三数学复习有所帮助.

高考题“冷热点”

对于数学高考复习，我们历来重视课标、教材、考纲. 课标是教材编写、教师教、学生学的直接依据；教材是知识的载体、考试命题的依据；考纲为我们提供当年高考的命题方向和思路. 课标是依据，教材是基础，考纲是导向，三者都极其重要。但是对于考生来讲，最终这三者都指向一张试卷——当年的高考试卷. 因此，研究高考题是教师必须花大力气去做的，只有教师多花精力研究，学生才能少走弯路，提高复习效率. 关于如何做高考题，如何对待高考题中的知识点，以及如何对待高考题中的“冷热点”，笔者给出了自己的见解.

一、考题三挖

高考试题是专家们精心命制的，是他们智慧的结晶. 我们要想揽尽芳华，一切尽握，须反复做高考题，对高考题横向挖、纵向挖、分类挖，此谓之“考题三挖”.

（一）横向挖

每年高考结束后，作为山东省的数学教师，毫无疑问，肯定控制不住地先做高考山东卷及全国卷，然后再看其他高考卷，看题型设计、看分值分布、看解答题重要考查点，接着再具体做这些试卷. 对于高考的重点，每套高考试卷中都会涉及而且会重点考查. 反复做这些题目，会隐隐约约有种高考题都差不多的感觉. 再回头找相似的题目、相似的解法、相似的角度……找到后把它们放在一起比较分析，会发现高考试卷出题专家们真是英雄所见略同. 在横向比较的过程中，也会发现对于相同的知识点，不同的试卷会有不同的考法，有些知识点的考查方法比较新颖，这就是当年的“亮点”题目了. 在横向挖的过程中要把自己的新发现都记下来.

（二）纵向挖

纵向挖，可以把多年来山东高考题放在一起做一遍，在做的过程中进一步比较、揣摩. 做着做着，那种似曾相识的感觉更加强烈，渐渐地我们会发现高考命题有时取材于往年的高考试题，这种相似也许是偶然，也许是必然. 不可否认，这种命题方式使考生对题目有种亲切感，这应该就是命题专家们所坚持的“命题是一种自然的发展，不会有突变，命题不能隔断历史”的观点. 因此，往年的高考试题就成为新高考题的重要来源之一. 高考命题专家们如此重视传承和相互借鉴，我们就应该努力从对历年高考题的整体研究中找到高考题的变化趋势，从对同类试题的研究中找到联系，以使我们对高考热点的研究更深一层. 对于自主命题的省市来说，这种纵向挖是极其必要的. 在纵向比较的过程中，我们会发现有些知识点虽然不是年年必考，但同样是值得我们研究的“冷点”知识. 另外，我们也会发现，相同知识点在不同年份的考查基本比较常规，但也会有例外，进一步挖掘我们就能发现“亮点”题目.

（三）分类挖

分类挖，就是对高考试题进行分类汇编. 高考热点知识有时会反复呈现，所以我们集中精力研究高考热点问题是有必要的. 通过比较不同高考试卷中知识点的考查频率，进一步确认高考“冷点”知识，并统计分析其出现的情况. 也就是说，分类挖是我们进一步整理自己的想法、形成自己观点的最后步骤.

二、揽尽芳华

笔者能力有限，对高考题不可能真正“揽尽芳华”. 但经过以上“三挖”，也有点滴收获. 下面就高考中的热点、冷点、亮点谈谈自己的看法和备考建议.

（一）高考热点：反复演练，攻克难关

高考热点是指课标和考纲要求“理解”“掌握”的重要内容，是每年高考必定涉及、久考不衰的高中数学的主干知识. 比如，函数、导数、三角函数、数列、概率统计、立体几何、解析几何、平面向量、不等式等. 这些主干知识值得我们一而再、再而三地研究，相关的高考题值得一做再做. 只有对往年的高考真题反复演练，才有可能在考场上攻克难关. 下面以导数在高考试卷中的考查为例，谈一谈笔者的收获.

在做 2013 年高考数学理科分类汇编中导数解答题部分时，根据江苏卷所给的函数“$f(x)=\ln x-ax, g(x)=e^x-ax$”，福建卷所给的函数“$f(x)=x-a\ln x(a\in\mathbf{R})$”，陕西卷中“$f(x)=e^x, x\in\mathbf{R}$，若直线 $y=kx+1$ 与 $f(x)$ 的反函数的图象相切，求实数 k 的值”，观察到这几个相同类型的函数，笔者特别做了以下研究：

（1）函数 $f(x)=ax-\ln x, a>0$ 和 $g(x)=e^x-ax, a>0$ 的单调性都是先减后增，极小值点分别是 $x=\frac{1}{a}$ 和 $x=\ln a$，都是从 $+\infty$ 减到极小值，从极小值增到 $+\infty$，无渐近线.

（2）对于函数 $y=\ln x$ 与 $y=kx+b$、函数 $y=e^x$ 与 $y=kx+b$ 的位置关系，在教学中通过证明让学生直接记住结论：$y=\ln x$ 在点 $(1,0)$ 处的切线是 $y=x-1$，$y=e^x$ 在点 $(0,1)$ 处的切线是 $y=x+1$，即恒有 $\ln x\leqslant x-1, e^x\geqslant x+1$.

(3) 对于函数 $y=\frac{x}{e^x}$, $y=xe^x$, $y=\frac{e^x}{x}$, $y=\frac{x}{\ln x}$, $y=x\ln x$, $y=\frac{\ln x}{x}$, 分别求导,确定各函数的单调性和极值点,最关键的是确定各函数的取值趋向、是否有渐近线. 这些问题读者可以自己完成.

下面结合具体例子详细说明这几个函数在高考题中的应用.

1. 函数 $y=\frac{e^x}{x}$ 的性质及应用

函数 $y=\frac{e^x}{x}$ 的性质:定义域为 $(-\infty,0)\cup(0,+\infty)$;值域为 $(-\infty,0)\cup[e,+\infty)$;$x>0$ 时,函数在 $x=1$ 处取到极小值也是最小值 e;$x<0$ 时,函数以 x 轴、y 轴为渐近线递减.

例 1 [2014 · 山东卷(理)第 20 题] 设函数 $f(x)=\frac{e^x}{x^2}-k\left(\frac{2}{x}+\ln x\right)$($k$ 为常数,e=2.718 28…是自然对数的底数).

(1) 当 $k\leqslant 0$ 时,求函数 $f(x)$ 的单调区间;

(2) 若函数 $f(x)$ 在 $(0,2)$ 内存在两个极值点,求 k 的取值范围.

【解析】 (1) 略.

(2) $f'(x)=\frac{e^x x^2-2xe^x}{x^4}-k\left(-\frac{2}{x^2}+\frac{1}{x}\right)=\frac{(x-2)(e^x-kx)}{x^3}$.

因为 $x\in(0,2)$,所以 $x-2<0$, $x^3>0$. 要使函数 $f(x)$ 在 $(0,2)$ 内有两个极值点,只需方程 $e^x-kx=0$ 在 $(0,2)$ 内有两个解.

由 $k=\frac{e^x}{x}$,可设 $y=k$ 和 $y=\frac{e^x}{x}$. 由函数 $g(x)=\frac{e^x}{x}$ 的图象知,只需 $e<k<g(2)$,即 $e<k<\frac{e^2}{2}$.

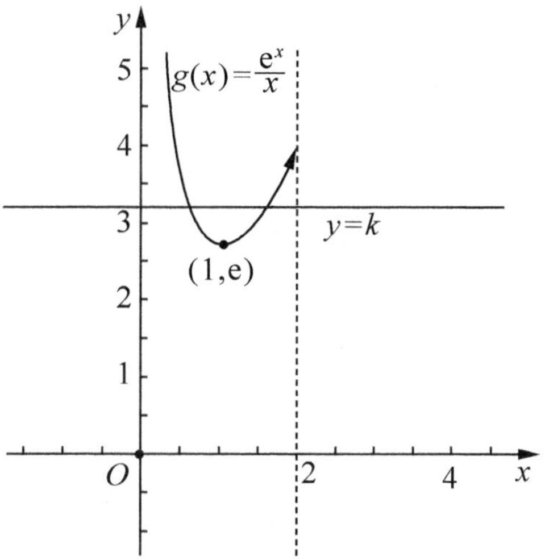

例 1 图

2. 函数 $y=x\ln x$ 的性质及应用

函数 $y=x\ln x$ 的性质：定义域为 $(0,+\infty)$；值域为 $\left[-\frac{1}{e},+\infty\right)$；当 $x=\frac{1}{e}$ 时，函数取得极小值也是最小值 $-\frac{1}{e}$；函数的图象过点 $(1,0)$；函数在区间 $\left(0,\frac{1}{e}\right)$ 内单调递减，在区间 $\left(\frac{1}{e},+\infty\right)$ 内单调递增.

例 2（2021 · 新高考全国卷Ⅰ第 22 题） 已知函数 $f(x)=x(1-\ln x)$.

(1) 讨论 $f(x)$ 的单调性；

(2) 设 a,b 为两个不相等的正数，且 $b\ln a-a\ln b=a-b$，证明：$2<\frac{1}{a}+\frac{1}{b}<e$.

【解析】 (1) 函数的定义域为 $(0,+\infty)$.

又 $f'(x)=1-\ln x-1=-\ln x$，所以当 $x\in(0,1)$ 时，$f'(x)>0$；当 $x\in(1,+\infty)$ 时，$f'(x)<0$.

故 $f(x)$ 的递增区间为 $(0,1)$，递减区间为 $(1,+\infty)$.

(2) 因为 $b\ln a-a\ln b=a-b$，故 $b(\ln a+1)=a(\ln b+1)$，即

$\dfrac{\ln a+1}{a}=\dfrac{\ln b+1}{b}$,故 $f\left(\dfrac{1}{a}\right)=f\left(\dfrac{1}{b}\right)$.

设 $\dfrac{1}{a}=x_1$,$\dfrac{1}{b}=x_2$,由(1)可知,不妨设 $0<x_1<1$,$x_2>1$.

因为 $x\in(0,1)$ 时,$f(x)=x(1-\ln x)>0$,$x\in(\mathrm{e},+\infty)$ 时,$f(x)=x(1-\ln x)<0$,故 $1<x_2<\mathrm{e}$.

先证:$x_1+x_2>2$.

若 $x_2\geqslant 2$,则 $x_1+x_2>2$ 必成立.

若 $x_2<2$,要证 $x_1+x_2>2$,即证 $x_1>2-x_2$,而 $0<2-x_2<1$,故即证 $f(x_1)>f(2-x_2)$,即证 $f(x_2)>f(2-x_2)$,其中 $1<x_2<2$.

设 $g(x)=f(x)-f(2-x)$,$1<x<2$,则

$g'(x)=f'(x)+f'(2-x)=-\ln x-\ln(2-x)=-\ln[x(2-x)]$.

因为 $1<x<2$,故 $0<x(2-x)<1$,故 $-\ln x(2-x)>0$.

所以 $g'(x)>0$,故 $g(x)$ 在 $(1,2)$ 内为增函数,所以 $g(x)>g(1)=0$.

故 $f(x)>f(2-x)$,即 $f(x_2)>f(2-x_2)$ 成立,所以 $x_1+x_2>2$ 成立.

综上所述,$x_1+x_2>2$ 成立.

设 $x_2=tx_1$,则 $t>1$.

结合 $\dfrac{\ln a+1}{a}=\dfrac{\ln b+1}{b}$,$\dfrac{1}{a}=x_1$,$\dfrac{1}{b}=x_2$,可得

$x_1(1-\ln x_1)=x_2(1-\ln x_2)$,

即 $1-\ln x_1=t(1-\ln t-\ln x_1)$,故 $\ln x_1=\dfrac{t-1-t\ln t}{t-1}$.

要证 $x_1+x_2<\mathrm{e}$,即证 $(t+1)x_1<\mathrm{e}$,即证 $\ln(t+1)+\ln x_1<1$.

即证 $\ln(t+1)+\dfrac{t-1-t\ln t}{t-1}<1$,即证 $(t-1)\ln(t+1)-t\ln t<0$.

令 $S(t)=(t-1)\ln(t+1)-t\ln t$,$t>1$,则

$S'(t)=\ln(t+1)+\dfrac{t-1}{t+1}-1-\ln t=\ln\left(1+\dfrac{1}{t}\right)-\dfrac{2}{t+1}$.

先证明一个不等式：$\ln(x+1)\leqslant x$.

设 $u(x)=\ln(x+1)-x$，则 $u'(x)=\dfrac{1}{x+1}-1=\dfrac{-x}{x+1}$.

当 $-1<x<0$ 时，$u'(x)>0$；当 $x>0$ 时，$u'(x)<0$.

故 $u(x)$ 在 $(-1,0)$ 内为增函数，在 $(0,+\infty)$ 内为减函数.

故 $u(x)_{\max}=u(0)=0$.

故 $\ln(x+1)\leqslant x$ 成立.

由上述不等式可得，当 $t>1$ 时，$\ln\left(1+\dfrac{1}{t}\right)\leqslant\dfrac{1}{t}<\dfrac{2}{t+1}$.

故 $S'(t)<0$ 恒成立.

故 $S(t)$ 在 $(1,+\infty)$ 内为减函数，故 $S(t)<S(1)=0$.

故 $(t-1)\ln(t+1)-t\ln t<0$ 成立，即 $x_1+x_2<\mathrm{e}$ 成立.

综上所述，$2<\dfrac{1}{a}+\dfrac{1}{b}<\mathrm{e}$.

从上面的解题过程可以看出，第(2)题有难度. 它的困难首先在于等式 $f\left(\dfrac{1}{a}\right)=f\left(\dfrac{1}{b}\right)$ 的构造，其次是证明 $(t-1)\ln(t+1)-t\ln t<0$. 这里充分利用了函数 $y=x\ln x$ 的性质，从而使问题得以解决.

对于高考热点知识的复习，我们要注意以下几个方面：

(1) 注重基础知识，引导学生将热点的模块知识设计成结构框图，并标注知识间的联系.

(2) 重视教材中的典型例题、习题，很多高考题可以在教材中找到题源.

(3) 注意对分段函数(或带绝对值的函数)、线性函数与三角函数的组合函数的性质进行研究，并注意 $\ln x$，e^x 与多项式函数、反比例函数的组合.

(4) 学有余力的学生可以把热点知识中必要的结论在理解的基础上记住. 比如，不等式 $\ln x\leqslant x-1$，$\mathrm{e}^x\geqslant x+1$ 恒成立，常考函数的图象及性质，圆锥曲线中关于中点弦、焦点弦、焦点三角形的结论等. 每一个热点知识的结论都有很多，笔者不一一列举. 例如以下两个高考小题,如果记住结论就能节省很多时间.

例 3(2020·海南卷第 13 题) 若斜率为$\sqrt{3}$的直线过抛物线 C:$y^2=4x$ 的焦点,且与 C 交于 A,B 两点,则 $|AB|=$________.

【解析】 作出抛物线 C 的图象如图所示,由抛物线 C:$y^2=4x$,可知其焦点为 $F(1,0)$,准线为 l:$x=-1$. 作 $AA'\perp l$,$BB'\perp l$,直线 AB 与准线 l 交于点 H.

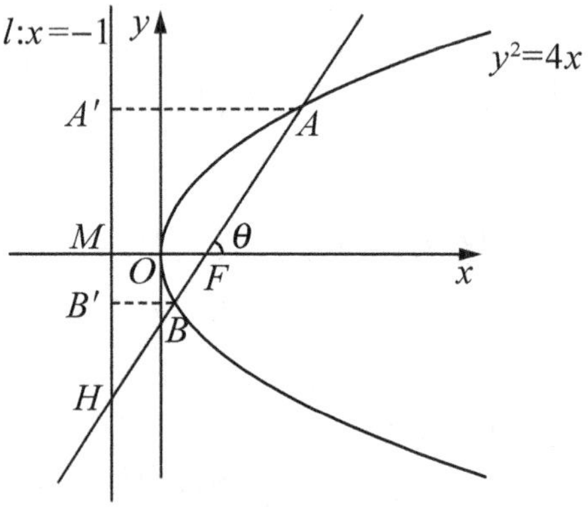

例 3 图

由 $k_{AB}=\sqrt{3}$得倾斜角 $\theta=60°$,所以$\angle A'HA=30°$.

由抛物线定义知$|AA'|=|AF|$,$|BB'|=|BF|$.

又因为$|AH|=2|AA'|$,所以 F 为 AH 的中点.

因为$|MF|=2$,所以$|HF|=|AF|=4$.

因为$|BB'|=|BF|=\frac{1}{2}|HB|$,所以 $3|BF|=4$,得$|BF|=\frac{4}{3}$.

故$|AB|=|AF|+|BF|=4+\frac{4}{3}=\frac{16}{3}$.

以上解法,利用了题目的特殊性,即 F 为 AH 的中点,从而结合图形求解,简化了计算. 其实本题的常规做法是先求出直线 AB 的方程为 $y=\sqrt{3}(x-1)$,然后与抛物线方程联立得到方程 $3x^2-10x+3=3$. 作为客观题,可直接套用焦点弦长公式$|AB|=x_1+x_2+p$,即$|AB|=\frac{10}{3}+3=\frac{16}{3}$.

例 4(2019·浙江卷第 15 题)　已知椭圆$\frac{x^2}{9}+\frac{y^2}{5}=1$的左焦点为$F$,点$P$在椭圆上且在$x$轴的上方.若线段$PF$的中点在以原点$O$为圆心、$|OF|$为半径的圆上,则直线$PF$的斜率是________.

【解析】　方法一　如图,设F_1为椭圆的右焦点,M为PF的中点.由题意可知$|OF|=|OM|=c=2$.

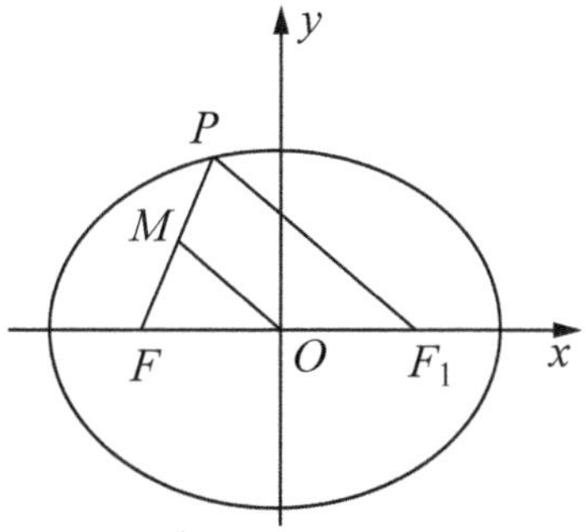

例 4 图

由中位线定理可得$|PF_1|=2|OM|=4$.

设$P(x,y)$,可得$(x-2)^2+y^2=16$.

与方程$\frac{x^2}{9}+\frac{y^2}{5}=1$联立,解得$x=-\frac{3}{2}$,$x=\frac{21}{2}$(舍).

又点P在椭圆上且在x轴的上方,求得$P\left(-\frac{3}{2},\frac{\sqrt{15}}{2}\right)$.

所以$k_{PF}=\frac{\frac{\sqrt{15}}{2}}{\frac{1}{2}}=\sqrt{15}$.

方法二　(应用焦半径公式)由题意可知$|OF|=|OM|=c=2$,由中位线定理可得$|PF_1|=2|OM|=4$,即$a-ex_P=4$,解得$x_P=-\frac{3}{2}$,从而可求得$P\left(-\frac{3}{2},\frac{\sqrt{15}}{2}\right)$.

所以$k_{PF}=\frac{\frac{\sqrt{15}}{2}}{\frac{1}{2}}=\sqrt{15}$.

方法一需要花较多的时间，也易出现计算错误. 如果记住结论“若椭圆$\frac{x^2}{a^2}+\frac{y^2}{b^2}=1(a>b>0)$的左、右焦点分别为$F_1$，$F_2$，点$P(x_0,y_0)$为椭圆上的点，则$|PF_1|=a+ex_0$，$|PF_2|=a-ex_0$(其中$e$为椭圆的离心率)”，那么可以利用方法二，直接套用焦半径公式$|PF_2|=a-ex_0$，求出P点的坐标，这样就简便多了. 学生可以在理解的基础上记住上述结论.

(二) 高考冷点：物极必反，适当备战

在高中数学教材中，对于有些内容，课标规定了较多的课时来学习，但是考纲仅仅要求“了解”，对知识要求较低，要求会用相关知识解决简单的问题即可；有的知识虽然要求“理解”，但这些知识的应用背景太复杂，不适合在高考中考查；有的知识是为大学学习相关内容做铺垫，不便深入考查. 以上这几类知识点在高考试卷中所占分值不多，考查频率不高，有的甚至几年才考一次. 这些冷点在高考中的考查虽然没有规律可循，但是我们发现，知识点“热”过一阵后也会变“冷”. 比如，2019 年山东高考数学理科卷就回避了一些往年的热点题目，有关函数图象、充要条件的题目都没有出现. 另外，“冷”到一定程度的知识点也会变“热”. 因此，我们在重视重点、热点知识的同时，也应该有意识地对冷点知识适当关注.

笔者简单统计了部分冷点知识在 2017 年、2018 年、2019 年、2020 年、2021 年山东卷(山东从 2020 年开始使用全国卷Ⅰ)中的考查情况(表 1).

表 1　2017—2021 年部分冷点知识在山东卷中的考查情况

冷点知识	分值				
	2017 年	2018 年	2019 年	2020 年	2021 年
统计	5	5	0	0	5
统计案例	0	0	0	12	5

续表

冷点知识	分值				
	2017 年	2018 年	2019 年	2020 年	2021 年
定积分	0	0	0	0	0
推理与证明	0	0	0	0	0
排列组合	5	5	5	5	0
二项式定理	5	0	0	0	0
正态分布	0	0	0	0	0

下面我们分析几道有关冷点知识的高考题.

例 5(2021·新高考全国卷Ⅰ第 9 题) 有一组样本数据 x_1, x_2, …, x_n, 由这组数据得到新样本数据 y_1, y_2, …, y_n, 其中 $y_i=x_i+c$ $(i=1,2,\cdots,n)$, c 为非零常数, 则 ( )

A. 两组样本数据的样本平均数相同

B. 两组样本数据的样本中位数相同

C. 两组样本数据的样本标准差相同

D. 两组样本数据的样本极差相同

【分析】 对于选项 A 和 C, 利用两组数据的线性关系有 $E(Y)=E(X)+c$, $D(Y)=D(X)$, 即可判断正误. 根据中位数、极差的定义, 结合已知线性关系可判断选项 B 和 D 的正误.

【解析】 对于 A, $E(Y)=E(X+c)=E(X)+c$ 且 $c\neq0$, 平均数不相同, 故 A 错误;

对于 B, 若第一组数据的中位数为 x_i, 则第二组数据的中位数为 $y_i=x_i+c$, 显然不相同, 故 B 错误;

对于 C, $D(Y)=D(X)+D(c)=D(X)$, 方差相同, 故 C 正确;

对于 D, 由极差的定义知: 若第一组数据的极差为 $x_{\max}-x_{\min}$, 则第二组数据的极差为 $y_{\max}-y_{\min}=(x_{\max}+c)-(x_{\min}+c)=x_{\max}-x_{\min}$, 极差相同, 故 D 正确.

故选 CD.

例 6(2020·全国卷Ⅰ第 5 题) 某校一个课外学习小组为研究某作物种子的发芽率 y 和温度 x(单位:℃)的关系,在 20 个不同的温度条件下进行种子发芽实验,由实验数据 $(x_i,y_i)(i=1,2,\cdots,20)$ 得到下面的散点图.

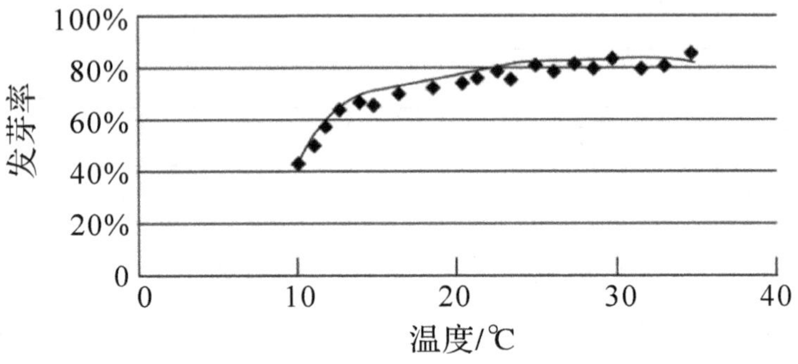

例 6 图

由此散点图,在 10 ℃至 40 ℃之间,下面四个回归方程类型中最适宜作为发芽率 y 和温度 x 的回归方程类型的是 ( )

A. $y=a+bx$ B. $y=a+bx^2$

C. $y=a+be^x$ D. $y=a+b\ln x$

【分析】 根据散点图的分布可选择合适的函数模型. 本题考查函数模型的选择,需要观察散点图的分布,属于基础题.

【解析】 由散点图分布可知,散点分布在一个对数函数的图象附近,因此,最适合作为发芽率 y 和温度 x 的回归方程类型的是 $y=a+b\ln x$. 故选 D.

从以上两道例题可以看出,冷点知识一般以选择题、填空题的形式出现,所涉及题目一般比较简单,只要在平时的复习中稍加留意,掌握基本概念、公式、结论,就不会丢分. 复习时应注意以下几点:

(1) 注重基础知识,必须面面俱到,不能遗漏知识点.

(2) 找出近几年全国高考试题中的冷点知识所涉及的题目,让学生适当训练.

(3) 注意本省市高考卷中知识点的轮换考查,在掌握考纲中要求的基本知识的同时,对上一年考卷中没有出现的知识点要加强练习、巩固.

（三）高考亮点：潜心钻研，谨防借鉴

高考亮点之所以“亮”，有的是因为常规知识出现了不常规的考法，有的是因为知识点交汇时出现新的组合，有的是需要将熟悉的方法稍作变化后使用，有的是结合思维和运算大做文章……总之，比起往年的高考题或者平时的训练题，它一定有其新意. 这类题目会给考生一种“这种题我们没有做过”的感觉. 对于思维稍欠灵活性的考生有一定的困难，心理素质不过硬的考生可能会慌神，不仅这个题做不好，甚至还会影响整套试卷的解答. 我们应该引导学生正确对待难题，对学生加强心理辅导，更应该静下心来，认真研究这些亮点题目. 这些亮点题目很有可能被命题专家借鉴，成为下一年新高考题的题源. 我们可以找出各套高考卷中的亮点题目，分析它们亮在哪里，为什么会给考生带来一定的困难，复习中该如何备考. 下面以几道高考亮点题目为例进行分析.

例 7（2020 · 新高考全国卷Ⅰ第 4 题） 日晷是中国古代用来测定时间的仪器，利用与晷面垂直的晷针投射到晷面的影子来测定时间. 把地球看成一个球（球心记为 O），地球上一点 A 的纬度是指 OA 与地球赤道所在平面所成角，点 A 处的水平面是指过点 A 且与 OA 垂直的平面. 在点 A 处放置一个日晷，若晷面与赤道所在平面平行，点 A 处的纬度为北纬 $40°$，则晷针与点 A 处的水平面所成角为 （　　）

例 7 图

A. $20°$　　B. $40°$

C. $50°$　　D. $90°$

【解析】 如图，画出截面图，其中 CD 是赤道所在平面的截线；l 是点 A 处的水平面的截线. 依题意可知 $OA \perp l$，AB 是晷针所在直线，m 是晷面的截线，晷面和赤道平面平行，晷针与晷面垂直.

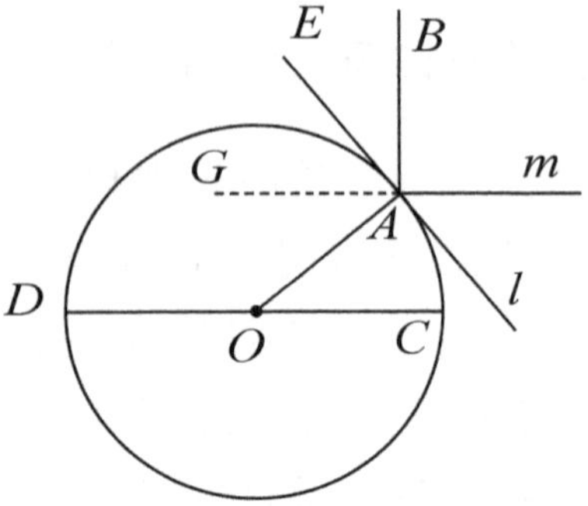

例 7 解析图

根据平面平行的性质定理可知 $m /\!/ CD$,根据线面垂直的定义可知 $AB \perp m$.

由于 $\angle AOC=40^\circ$,$m /\!/ CD$,所以 $\angle OAG=\angle AOC=40^\circ$.

由于 $\angle OAG+\angle GAE=\angle BAE+\angle GAE=90^\circ$,所以 $\angle BAE=\angle OAG=40^\circ$,即晷针与点 A 处的水平面所成的角为 $\angle BAE=40^\circ$. 故选 B.

【亮点赏析】 本题考查求线面角的大小,属常规知识,却不拘泥于在常规的几何体中命题,而是结合中国古代数学文化,考查与球体有关的计算,涉及平面平行、线面垂直的性质. 这样既能让学生掌握中国古代数学文化,又能将所学数学知识应用于实际问题. 本题新颖但不难,考查了学生的实际应用能力.

例 8(2020 · 新高考全国卷 Ⅰ 第 12 题) 信息熵是信息论中的一个重要概念. 设随机变量 X 所有可能的取值为 $1,2,\cdots,n$,且 $P(X=i)=p_i>0(i=1,2,\cdots,n)$, $\sum\limits_{i=1}^{n}p_i=1$, 定义 X 的信息熵 $H(X)=-\sum\limits_{i=1}^{n}p_i\log_2 p_i$, 下列结论正确的是 ( )

A. 若 $n=1$,则 $H(X)=0$

B. 若 $n=2$,则 $H(X)$随着 p_1 的增大而增大

C. 若 $p_i=\dfrac{1}{n}(i=1,2,\cdots,n)$,则 $H(X)$随着 n 的增大而增大

D. 若 $n=2m$,随机变量 Y 所有可能的取值为 $1,2,\cdots,m$,且 $P(Y=j)=p_j+p_{2m+1-j}(j=1,2,\cdots,m)$,则 $H(X)\leqslant H(Y)$

【解析】 对于选项 A,若 $n=1$,则 $i=1$,$p_1=1$. 所以 $H(X)=-(1\times\log_2 1)=0$,故 A 正确.

对于选项 B,若 $n=2$,则 $i=1,2$,$p_2=1-p_1$.

所以 $H(X)=-[p_1\log_2 p_1+(1-p_1)\log_2(1-p_1)]$.

当 $p_1=\frac{1}{4}$时,$H(X)=-\left(\frac{1}{4}\log_2\frac{1}{4}+\frac{3}{4}\log_2\frac{3}{4}\right)$;

当 $p_1=\frac{3}{4}$时,$H(X)=-\left(\frac{3}{4}\log_2\frac{3}{4}+\frac{1}{4}\log_2\frac{1}{4}\right)$.

两者相等,故 B 错误.

对于选项 C,若 $p_i=\frac{1}{n}(i=1,2,\cdots,n)$,则

$$H(X)=-\left(\frac{1}{n}\log_2\frac{1}{n}\right)\times n=-\log_2\frac{1}{n}=\log_2 n,$$

所以 $H(X)$随着 n 的增大而增大,故 C 正确.

对于选项 D,若 $n=2m$,随机变量 Y 的所有可能的取值为 $1,2,\cdots,m$,且 $P(Y=j)=p_j+p_{2m+1-j}(j=1,2,\cdots,m)$.

$$\begin{aligned}H(X)&=-\sum_{i=1}^{2m}p_i\log_2 p_i=\sum_{i=1}^{2m}p_i\log_2\frac{1}{p_i}\\&=p_1\log_2\frac{1}{p_1}+p_2\log_2\frac{1}{p_2}+\cdots+p_{2m-1}\log_2\frac{1}{p_{2m-1}}+\\&\quad p_{2m}\log_2\frac{1}{p_{2m}},\end{aligned}$$

$$\begin{aligned}H(Y)=&(p_1+p_{2m})\log_2\frac{1}{p_1+p_{2m}}+\\&(p_2+p_{2m-1})\log_2\frac{1}{p_2+p_{2m-1}}+\cdots+\\&(p_m+p_{m+1})\log_2\frac{1}{p_m+p_{m+1}}\\=&p_1\log_2\frac{1}{p_1+p_{2m}}+p_2\log_2\frac{1}{p_2+p_{2m-1}}+\cdots+\end{aligned}$$

$$p_{2m-1}\log_2\frac{1}{p_2+p_{2m-1}}+p_{2m}\log_2\frac{1}{p_1+p_{2m}}.$$

由于 $p_i>0(i=1,2,\cdots,2m)$，所以$\frac{1}{p_i}>\frac{1}{p_i+p_{2m+1-i}}$.

所以 $\log_2\frac{1}{p_i}>\log_2\frac{1}{p_i+p_{2m+1-i}}$.

所以 $p_i\log_2\frac{1}{p_i}>p_i\log_2\frac{1}{p_i+p_{2m+1-i}}$.

所以 $H(X)>H(Y)$，故 D 错误.

故选 AC.

【亮点赏析】 本题考查了对新定义"信息熵"的理解和运用、对数运算和对数函数及不等式的基本性质的运用，考查分析、思考和解决问题的能力等. 笔者认为本题不是因为考查的知识点多而亮，而是因为新定义"信息熵". 只有充分理解这一新定义，才能有效地将问题进行转化. 本题考查了数学运算的核心素养，有一定的难度，属于难题.

例 9(2022 · 新高考全国卷 Ⅰ 第 14 题) 写出与圆 $x^2+y^2=1$ 和 $(x-3)^2+(y-4)^2=16$ 都相切的一条直线的方程：________.

【解析】 圆 $x^2+y^2=1$ 的圆心为 $O(0,0)$，半径为 1，圆 $(x-3)^2+(y-4)^2=16$ 的圆心为 $O_1(3,4)$，半径为 4.

两圆圆心距为 $\sqrt{3^2+4^2}=5$，等于两圆半径之和，故两圆外切，如图所示.

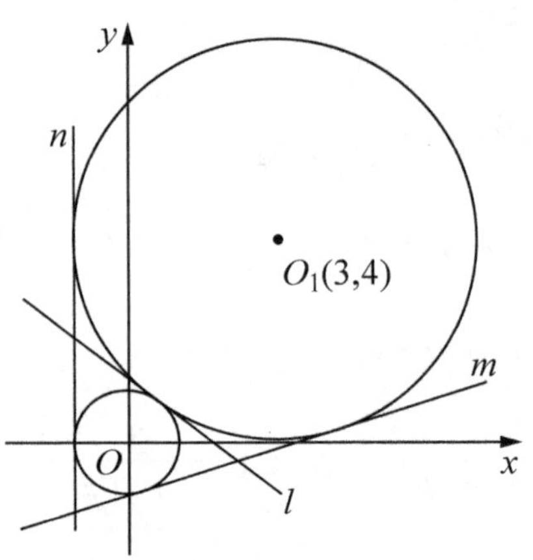

例 9 解析图

当切线为 l 时，因为 $k_{OO_1}=\frac{4}{3}$，所以 $k_l=-\frac{3}{4}$.

设 l 的方程为 $y=-\frac{3}{4}x+t(t>0)$.

O 到 l 的距离 $d=\frac{|t|}{\sqrt{1+\frac{9}{16}}}=1$，解得 $t=\frac{5}{4}$.

所以 l 的方程为 $y=-\frac{3}{4}x+\frac{5}{4}$.

当切线为直线 m 时，设直线方程为 $kx+y+p=0$，其中 $p>0,k<0$.

由题意知 $\begin{cases}\frac{|p|}{\sqrt{1+k^2}}=1,\\ \frac{|3k+4+p|}{\sqrt{1+k^2}}=4,\end{cases}$ 解得 $\begin{cases}k=-\frac{7}{24},\\ p=\frac{25}{24},\end{cases}$ 则 $y=\frac{7}{24}x-\frac{25}{24}$.

当切线为直线 n 时，易知切线方程为 $x=-1$.

故答案为 $y=-\frac{3}{4}x+\frac{5}{4}$，$y=\frac{7}{24}x-\frac{25}{24}$ 或 $x=-1$.

【亮点赏析】 本题是一道开放型题目，考查直线与圆、圆与圆的位置关系，其中两圆是外切的. 考生画出图形后观察到两圆都与直线 $x=-1$ 相切，很容易直接写出切线方程为 $x=-1$，但是大多数考生观察不出来. 再简单一点的是，考生可发现两个圆相外切，进一步求出外公切线的方程. 大多数考生还是用常规做法，先设出外公切线方程，然后求解，这种方法计算量很大. 本题对运算求解能力和解题的灵活性有较高的要求.

上述这些高考题目不超课标、不超考纲，传统而开放，常规而新颖，真是韵味十足. 关于这些亮点题目的高考备考，笔者给出以下拙见：

（1）在牢固掌握基础知识和基本方法的同时，注重横向联系，注意不同模块知识之间的综合.

（2）对于一些很常见的思想方法，要抓住其本质，不断挖掘新的应用.

（3）对于新概念问题要认真审题，把新知识转化为已知的知识去表示和理解.

（4）平时加强心理素质的训练，相信虽然自己的水平有限，但是难题的难度也是有限的.

高考一直是支持并服务于课标和课程改革的，相信高考试题会在平稳的传承中力求创新.这就要求教师要不断地深入研究高考试题，挖掘题目的内涵，努力从不同的高考试题中找到共性和联系，从历年的高考试题中找到高考的变化趋势，通过对同类试题的研究找到知识点的创新应用.

高考题核心素养

现代数学的发展表明，数学的研究源于对现实世界的抽象，通过基于抽象结构的符号运算、形式推理、得出结论等，理解和表达现实世界中事物的本质、关系与规律. 因此，数学是自然科学的重要基础，在社会科学中发挥着越来越大的作用，已应用到现代社会及人们日常生活的各个方面.

数学在形成人的理性思维、科学精神和促进个人智力发展的过程中发挥着独特的、不可替代的作用. 数学素养是现代社会每个公民应该具备的基本素养. 通过高中数学课程的学习，学生的数学素养得到提升，并促进自身自主、全面、可持续地发展. 数学素养主要包括以下几个方面：

(1) 获得进一步学习以及未来发展所必需的数学基础知识、基本技能、基本思想、基本活动经验；提高从数学角度发现和提出问题的能力、分析和解决问题的能力.

(2) 提高学习数学的兴趣，增强学好数学的信心，养成良好的数学学习习惯；树立敢于质疑、善于思考、严谨求实、一丝不苟的科学精神；认识数学的科学价值、应用价值和人文价值.

(3) 逐步学会用数学的眼光观察世界，发展数学抽象、直观想象素养；用数学的思维分析世界，发展逻辑推理、数学运算素养；用数学的语言表达世界，发展数学建模、数据分析素养，增强创新意识和数学应用能力.

新的“高中数学课程标准”提出了以下六大数学核心素养.

一、数学抽象

数学抽象是指舍去事物的一切物理属性，得到数学研究对象的思维过程.数学抽象主要是从数量与数量关系、图形与图形关系中抽象出数学概念及概念之间的关系，从事物的具体背景中抽象出一般规律和结构，并且用数学符号或者数学术语予以表征.新课程标准对数学抽象的要求如下：

(1) 能够在现实情境或数学情境中抽象出一般的数学概念和规则；能够将已知数学命题推广到更一般的情形；能够在新的情境中选择和运用数学方法解决问题.

(2) 能够从多个角度理解数学概念、规则和命题；能够运用多种形式表示数学命题的条件与结论，并建立相关命题的联系；能够理解和构建相关数学知识之间的联系.

(3) 能够用准确的数学语言表达学过的数学概念、规则、命题与模型；能够提炼出解决一类问题的数学方法，理解其中的数学思想.

(4) 在交流的过程中，能够用一般的概念解释具体现象.

热点一　抽象数学情境　提炼概念结构

例 1　(1)(2021·北京卷第 21 题)　定义 R_p 数列 $\{a_n\}$：对于实数 p，满足① $a_1+p\geqslant 0$，$a_2+p=0$；② $\forall n\in\mathbf{N}^*$，$a_{4n-1}<a_{4n}$；③ $a_{m+n}\in\{a_m+a_n+p, a_m+a_n+p+1\}$，$m,n\in\mathbf{N}^*$.

(Ⅰ) 前 4 项是 2，−2，0，1 的数列，可以是 R_2 数列吗？说明理由.

(Ⅱ) 若 $\{a_n\}$ 是 R_0 数列，求 a_5 的值.

(Ⅲ) 是否存在 p，使得存在 R_p 数列 $\{a_n\}$，对 $\forall n\in\mathbf{N}^*$，$S_n\geqslant S_{10}$？若存在，求出所有这样的 p；若不存在，说明理由.

(2)[2015·湖北卷(理)第 6 题] 已知符号函数 $\mathrm{sgn}x=\begin{cases}1, & x>0,\\ 0, & x=0,\\ -1, & x<0,\end{cases}$ $f(x)$是 **R** 上的增函数,$g(x)=f(x)-f(ax)(a>1)$,则 ( )

A. $\mathrm{sgn}[g(x)]=\mathrm{sgn}x$　　B. $\mathrm{sgn}[g(x)]=-\mathrm{sgn}x$

C. $\mathrm{sgn}[g(x)]=\mathrm{sgn}[f(x)]$　　D. $\mathrm{sgn}[g(x)]=-\mathrm{sgn}[f(x)]$

【解析】 (1)(Ⅰ)由性质③并结合题意可知 $0=a_3\in\{a_1+a_2+2,a_1+a_2+2+1\}=\{2,3\}$,矛盾,故前 4 项为 2,−2,0,1 的数列,不可能是 R_2数列.

(Ⅱ)由性质①知 $a_1\geqslant 0,a_2=0$.

由性质③知 $a_{m+2}\in\{a_m,a_m+1\}$,因此 $a_3=a_1$ 或 $a_3=a_1+1$,$a_4=0$ 或 $a_4=1$.

若 $a_4=0$,由性质②可知 $a_3<a_4$,即 $a_1<0$ 或 $a_1+1<0$,矛盾;

若 $a_4=1$,$a_3=a_1+1$,由 $a_3<a_4$ 有 $a_1+1<1$,矛盾.

因此,只能是 $a_4=1,a_3=a_1$.

又因为 $a_4=a_1+a_3$ 或 $a_4=a_1+a_3+1$,所以 $a_1=\frac{1}{2}$或 $a_1=0$.

若 $a_1=\frac{1}{2}$,则 $a_2=a_{1+1}\in\{a_1+a_1+0,a_1+a_1+0+1\}=\{2a_1,2a_1+1\}=\{1,2\}$,不满足 $a_2=0$,舍去.

当 $a_1=0$ 时,$\{a_n\}$的前 4 项为 0,0,0,1.

下面用归纳法证明 $a_{4n+i}=n(i=1,2,3)$,$a_{4n+4}=n+1(n\in\mathbf{N})$.

当 $n=0$ 时,经验证命题成立,假设当 $n\leqslant k(k\geqslant 0)$时命题成立.

当 $n=k+1$ 时,若 $i=1$,则 $a_{4(k+1)+1}=a_{4k+5}=a_{j+(4k+5-j)}$,利用性质③,有$\{a_j+a_{4k+5-j}\mid j\in\mathbf{N}^*,1\leqslant j\leqslant 4k+4\}=\{k,k+1\}$,此时可得 $a_{4k+5}=k+1$.

否则,若 $a_{4k+5}=k$,取 $k=0$,可得 $a_5=0$.

而由性质②可得 $a_5=a_1+a_4\in\{1,2\}$,与 $a_5=0$ 矛盾.

同理可得

$\{a_j+a_{4k+6-j} \mid j\in\mathbf{N}^*, 1\leqslant j\leqslant 4k+5\}=\{k,k+1\}$，有 $a_{4k+6}=k+1$；

$\{a_j+a_{4k+8-j} \mid j\in\mathbf{N}^*, 2\leqslant j\leqslant 4k+6\}=\{k+1,k+2\}$，有 $a_{4k+8}=k+2$；

$\{a_j+a_{4k+7-j} \mid j\in\mathbf{N}^*, 1\leqslant j\leqslant 4k+6\}=\{k+1\}$，又因为 $a_{4k+7}<a_{4k+8}$，有 $a_{4k+7}=k+1$.

即当 $n=k+1$ 时命题成立，证毕.

综上可得 $a_1=0, a_5=a_{4\times1+1}=1$.

（Ⅲ）令 $b_n=a_n+p$，由性质③可知

$\forall m,n\in\mathbf{N}^*, b_{m+n}=a_{m+n}+p\in\{a_m+p+a_n+p, a_m+p+a_n+p+1\}=\{b_m+b_n, b_m+b_n+1\}$.

由于 $b_1=a_1+p\geqslant0$，$b_2=a_2+p=0$，$b_{4n-1}=a_{4n-1}+p<a_{4n}+p=b_{4n}$，因此数列 $\{b_n\}$ 为 R_0 数列.

由（Ⅱ）可知

$\forall n\in\mathbf{N}, a_{4n+i}=n-p(i=1,2,3), a_{4n+4}=n+1-p$；

$S_{11}-S_{10}=a_{11}=a_{4\times2+3}=2-p\geqslant0$，

$S_9-S_{10}=-a_{10}=-a_{4\times2+2}=-(2-p)\geqslant0$，

因此 $p=2$，此时 $a_1,a_2,\cdots,a_{10}\leqslant0, a_j\geqslant0(j\geqslant11)$，满足题意.

(2) 当 $x<0$ 时，因为 $a>1$，所以 $x>ax$，所以 $f(x)-f(ax)>0$，故 $\operatorname{sgn}[g(x)]=1$.

当 $x=0$ 时，$x=ax$，$f(x)-f(ax)=0$，故 $\operatorname{sgn}[g(x)]=0$.

当 $x>0$ 时，因为 $a>1$，所以 $ax>x$，所以 $f(x)-f(ax)<0$，故 $\operatorname{sgn}[g(x)]=-1$.

所以 $\operatorname{sgn}[g(x)]=\begin{cases}-1, & x>0,\\ 0, & x=0,\\ 1, & x<0.\end{cases}$ 故 $\operatorname{sgn}[g(x)]=-\operatorname{sgn}x$.

故选 B.

【方法归纳】 (1)是由特定的数学情境和规则出发,提炼"R_p数列"的定义及其简单的应用;(2)也是由特定的符号函数 $\mathrm{sgn}x$ 出发,探究新的函数 $g(x)$所具有的性质.本例的解题关键是对新的数学情境的理解或对新概念的提炼升华,考查学生数学抽象的素养.

热点二　抽象现实情境　构建数学问题

例 2 (1)[2019·北京卷(理)第 14 题] 李明自主创业,在网上经营一家水果店,销售的水果有草莓、京白梨、西瓜、桃,价格依次为 60 元/盒、65 元/盒、80 元/盒、90 元/盒.为增加销量,李明对这四种水果进行促销:一次购买水果的总价达到 120 元,顾客就少付 x 元.每笔订单顾客网上支付成功后,李明会得到支付款的 80%.

① 当 $x=10$ 时,顾客一次购买草莓和西瓜各一盒,需要支付________元;

② 在促销活动中,为保证李明每笔订单得到的金额均不低于促销前总价的七折,则 x 的最大值为________.

(2)[2019·全国卷Ⅱ(理)第 4 题] 2019 年 1 月 3 日,嫦娥四号探测器成功实现人类历史上首次月球背面软着陆,我国航天事业取得又一重大成就.实现月球背面软着陆需要解决的一个关键技术问题是地面与探测器的通信联系.为解决这个问题,发射了嫦娥四号中继星"鹊桥","鹊桥"沿着围绕地月拉格朗日 L_2点的轨道运行.L_2点是平衡点,位于地月连线的延长线上.设地球质量为 M_1,月球质量为 M_2,地月距离为 R,L_2点到月球的距离为 r,根据牛顿运动定律和万有引力定律,r 满足方程:$\frac{M_1}{(R+r)^2}+\frac{M_2}{r^2}=(R+r)\frac{M_1}{R^3}$.设 $\alpha=\frac{r}{R}$,由于 α 的值很小,因此在近似计算中 $\frac{3\alpha^3+3\alpha^4+\alpha^5}{(1+\alpha)^2}\approx 3\alpha^3$,则 r 的近似值为　　(　　)

A. $\sqrt{\frac{M_2}{M_1}}R$　　B. $\sqrt{\frac{M_2}{2M_1}}R$　　C. $\sqrt[3]{\frac{3M_2}{M_1}}R$　　D. $\sqrt[3]{\frac{M_2}{3M_1}}R$

【解析】 (1) ① 当 $x=10$ 时，顾客一次购买草莓和西瓜各一盒，需要支付 $(60+80)-10=130$ 元.

② 设顾客一次购买水果的促销前总价为 y 元.

当 $y<120$ 元时，李明得到的金额为 $y\times 80\%$，符合要求；

当 $y\geqslant 120$ 元时，有 $(y-x)\times 80\%\geqslant y\times 70\%$ 恒成立，即 $8(y-x)\geqslant 7y$，得 $x\leqslant \frac{y}{8}$，因为 $\left(\frac{y}{8}\right)_{\min}=15$，所以 x 的最大值为 15.

(2) 由 $\alpha=\frac{r}{R}$，得 $r=\alpha R$.

因为 $\frac{M_1}{(R+r)^2}+\frac{M_2}{r^2}=(R+r)\frac{M_1}{R^3}$，所以

$\frac{M_1}{R^2(1+\alpha)^2}+\frac{M_2}{\alpha^2R^2}=(1+\alpha)\frac{M_1}{R^2}$，

即 $\frac{M_2}{M_1}=\alpha^2\left[(1+\alpha)-\frac{1}{(1+\alpha)^2}\right]=\frac{\alpha^5+3\alpha^4+3\alpha^3}{(1+\alpha)^2}\approx 3\alpha^3$，

解得 $\alpha=\sqrt[3]{\frac{M_2}{3M_1}}$，所以 $r=\alpha R=\sqrt[3]{\frac{M_2}{3M_1}}R$.

故选 D.

【方法归纳】 (1)以实际生活为背景，创设问题情境，构建数学问题，考查学生身边的数学；(2)是对嫦娥四号探测器在月球背面软着陆后的运行规律的认识，根据牛顿运动定律和万有引力定律求 r 的值，这里需要将等式 $\frac{M_1}{(R+r)^2}+\frac{M_2}{r^2}=(R+r)\frac{M_1}{R^3}$ 抽象为方程，用方程的知识对这一现象进行解释说明. 数学本身就是对现实的抽象概括与总结；反过来，数学又可对现实进行科学的解释与说明.

二、逻辑推理

逻辑推理是指从一些事实和命题出发，依据逻辑规则推出一个命题的思维过程. 逻辑推理主要包括两类：一类是从小范围内成立的命题推断更大范围内成立的命题的推理，推理形式主要有归纳、类比；另一类是从大范围内成立的命题推断小范围内也成立的命题的推理，推理形式主要有演绎推理. 新课程标准对逻辑推理的要求如下：

（1）在实际情境和数学情境中，能够发现蕴含在其中的数学规律，提出有价值的数学问题，并予以数学表达；能够理解归纳、类比是发现和提出数学命题的重要途径.

（2）对于给定的与学过的知识有一些关联的数学命题，能够通过对条件与结果的分析，探索论证的思路，选择合适的论证方法予以证明，并能用准确的数学语言表述论证过程.

（3）能够理解相关概念、命题、定理之间的逻辑关系，初步建立网状的知识结构.

（4）在交流的过程中，围绕讨论的主题，能够观点明确，论述有理有据.

热点一　探究内在规律　提出问题

例 3　（1）（2020·新高考全国卷Ⅰ第 14 题）　将数列$\{2n-1\}$与$\{3n-2\}$的公共项从小到大排列得到数列$\{a_n\}$，则$\{a_n\}$的前 n 项和为________.

（2）（2021·新高考全国卷Ⅰ第 16 题）　某校学生在研究民间剪纸艺术时，发现剪纸时经常会沿纸的某条对称轴将纸对折. 规格为 20 dm×12 dm 的长方形纸，对折 1 次共可以得到 10 dm×12 dm，

20 dm×6 dm 两种规格的图形，它们的面积之和 $S_1=240\ \text{dm}^2$；对折 2 次共可以得到 5 dm×12 dm，10 dm×6 dm，20 dm×3 dm 三种规格的图形，它们的面积之和 $S_2=180\ \text{dm}^2$. 以此类推，则对折 4 次共可以得到不同规格图形的种数为________；如果对折 n 次，那么 $\sum\limits_{k=1}^{n}S_k=$________ dm^2.

【解析】 (1) 因为数列 $\{2n-1\}$ 是以 1 为首项、2 为公差的等差数列，数列 $\{3n-2\}$ 是以 1 为首项、3 为公差的等差数列，所以这两个数列的公共项所构成的新数列 $\{a_n\}$ 是以 1 为首项、6 为公差的等差数列. 所以 $\{a_n\}$ 的前 n 项和为 $n\times1+\dfrac{n(n-1)}{2}\times6=3n^2-2n$.

(2) 对于第一个空，由对折 2 次共可以得到 5 dm×12 dm，10 dm×6 dm，20 dm×3 dm 三种规格的图形，所以对折 3 次的结果有 $\dfrac{5}{2}$ cm×12 cm，5 cm×6 cm，10 cm×3 cm，20 cm×$\dfrac{3}{2}$ cm，共四种不同规格. 故对折 4 次可得到 $\dfrac{5}{4}$ cm×12 cm，$\dfrac{5}{2}$ cm×6 cm，5 cm×3 cm，10 cm×$\dfrac{3}{2}$ cm，20 cm×$\dfrac{3}{4}$ cm，共五种不同规格.

对于第二个空，由于每次对折后图形的面积都减小为原来的一半，故各次对折后的图形，不论规格如何，其面积成公比为 $\dfrac{1}{2}$ 的等比数列，首项为 $120(\text{dm}^2)$，第 n 次对折后图形的面积为 $120\times\left(\dfrac{1}{2}\right)^{n-1}$. 对于第 n 次对折后图形的规格总数，根据(1)的过程和结论，猜想为 $n+1$ 种(证明从略)，故猜想 $S_n=\dfrac{120(n+1)}{2^{n-1}}$.

设 $S=\sum\limits_{k=1}^{n}S_k=\dfrac{120\times2}{2^0}+\dfrac{120\times3}{2^1}+\dfrac{120\times4}{2^2}+\cdots+\dfrac{120(n+1)}{2^{n-1}}$,

则 $\dfrac{1}{2}S=\dfrac{120\times2}{2^1}+\dfrac{120\times3}{2^2}+\cdots+\dfrac{120n}{2^{n-1}}+\dfrac{120(n+1)}{2^n}$.

两式作差得

$$\frac{1}{2}S=240+120\left(\frac{1}{2}+\frac{1}{2^2}+\cdots+\frac{1}{2^{n-1}}\right)-\frac{120(n+1)}{2^n}$$

$$=240+\frac{60\left(1-\frac{1}{2^{n-1}}\right)}{1-\frac{1}{2}}-\frac{120(n+1)}{2^n}$$

$$=360-\frac{120}{2^{n-1}}-\frac{120(n+1)}{2^n}=360-\frac{120(n+3)}{2^n},$$

因此，$S=720-\frac{240(n+3)}{2^n}=720-\frac{15(n+3)}{2^{n-4}}$.

【方法归纳】 逻辑推理包括归纳推理和演绎推理.常见的归纳推理分为数的归纳和形的归纳两类.(1) 数的归纳包括数字归纳和式子归纳，解决此类问题时，需要细心观察，寻求相邻项及项与序号之间的关系，同时还要结合相关的知识，如等差数列、等比数列等.(2) 形的归纳主要包括图形数目归纳和图形变化规律归纳.

由于归纳的前提是特殊例子，是立足于观察、经验或实验的基础上的，所以归纳的结论不一定完全正确.但是在进行归纳推理的过程中，是由特殊到一般，由具体到抽象，故归纳推理对于发现问题的结论和探索解题的思路有特殊的作用.

热点二　探索论证思路　数学表述准确

例 4　(1)(2021・新高考全国卷Ⅰ第 16 题)　在正三棱柱 $ABC\text{-}A_1B_1C_1$ 中，$AB=AA_1=1$，点 P 满足 $\overrightarrow{BP}=\lambda\overrightarrow{BC}+\mu\overrightarrow{BB_1}$，其中 $\lambda\in[0,1]$，$\mu\in[0,1]$，则　(　　)

A. 当 $\lambda=1$ 时，$\triangle AB_1P$ 的周长为定值

B. 当 $\mu=1$ 时，三棱锥 $P\text{-}A_1BC$ 的体积为定值

C. 当 $\lambda=\frac{1}{2}$ 时，有且仅有一个点 P，使得 $A_1P\perp BP$

D. 当 $\mu=\frac{1}{2}$ 时，有且仅有一个点 P，使得 $A_1B\perp$ 平面 AB_1P

(2)(2021·北京卷第15题)　已知函数 $f(x)=|\lg x|-kx-2$,给出下列四个结论:

① 若 $k=0$,则 $f(x)$有两个零点;

② $\exists k<0$,使得 $f(x)$有一个零点;

③ $\exists k<0$,使得 $f(x)$有三个零点;

④ $\exists k>0$,使得 $f(x)$有三个零点.

以上结论正确的是________.(填序号)

【解析】 (1) 易知,点 P 在矩形 BCC_1B_1 内部(含边界).

对于A,当 $\lambda=1$ 时,$\overrightarrow{BP}=\overrightarrow{BC}+\mu\overrightarrow{BB_1}=\overrightarrow{BC}+\mu\overrightarrow{CC_1}$,即此时 $P\in$ 线段 CC_1,$\triangle AB_1P$ 的周长不是定值,故A错误.

对于B,当 $\mu=1$ 时,$\overrightarrow{BP}=\lambda\overrightarrow{BC}+\overrightarrow{BB_1}=\overrightarrow{BB_1}+\lambda\overrightarrow{B_1C_1}$,故此时 P 点的轨迹为线段 B_1C_1,而 $B_1C_1/\!/BC$,$B_1C_1/\!/$平面 A_1BC,则 P 到平面 A_1BC 的距离为定值,所以其体积为定值,故B正确.

对于C,当 $\lambda=\frac{1}{2}$时,$\overrightarrow{BP}=\frac{1}{2}\overrightarrow{BC}+\mu\overrightarrow{BB_1}$,分别取 BC,B_1C_1 的中点 Q,H,则$\overrightarrow{BP}=\overrightarrow{BQ}+\mu\overrightarrow{QH}$,所以 P 点的轨迹为线段 QH.如图,建立空间直角坐标系,则 $A_1\left(\frac{\sqrt{3}}{2},0,1\right)$,$P(0,0,\mu)$,$B\left(0,\frac{1}{2},0\right)$,$\overrightarrow{A_1P}=\left(-\frac{\sqrt{3}}{2},0,\mu-1\right)$,$\overrightarrow{BP}=\left(0,-\frac{1}{2},\mu\right)$,$\overrightarrow{A_1P}\cdot\overrightarrow{BP}=\mu(\mu-1)=0$,所以 $\mu=0$ 或$\mu=1$.故 H,Q 均满足,故C错误.

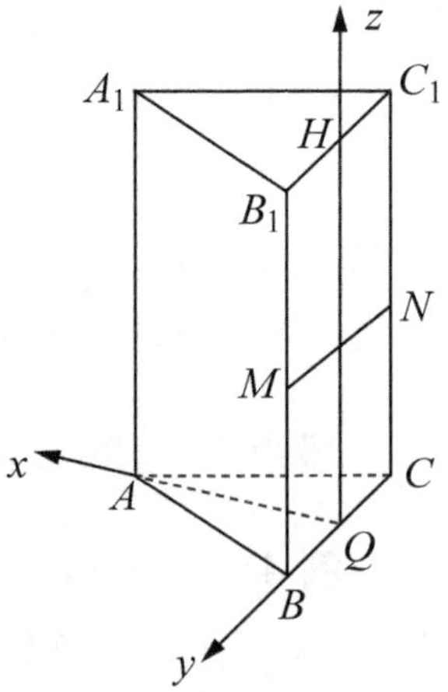

例4(1)解析图

对于D,当 $\mu=\frac{1}{2}$时,$\overrightarrow{BP}=\lambda\overrightarrow{BC}+\frac{1}{2}\overrightarrow{BB_1}$,分别取 BB_1,CC_1 的中点 M,N,则$\overrightarrow{BP}=\overrightarrow{BM}+\lambda\overrightarrow{MN}$,所以 P 点的轨迹为线段 MN.

设 $P\left(0,y_0,\frac{1}{2}\right)$,因为 $A\left(\frac{\sqrt{3}}{2},0,0\right)$,所以

$\overrightarrow{AP}=\left(-\frac{\sqrt{3}}{2},y_0,\frac{1}{2}\right)$，$\overrightarrow{A_1B}=\left(-\frac{\sqrt{3}}{2},\frac{1}{2},-1\right)$，

所以$\frac{3}{4}+\frac{1}{2}y_0-\frac{1}{2}=0$，解得 $y_0=-\frac{1}{2}$. 此时 P 与 N 重合，故 D 正确.

故选 BD.

(2) $y=kx+2$ 和 $y=|\lg x|$ 的图象如图所示.

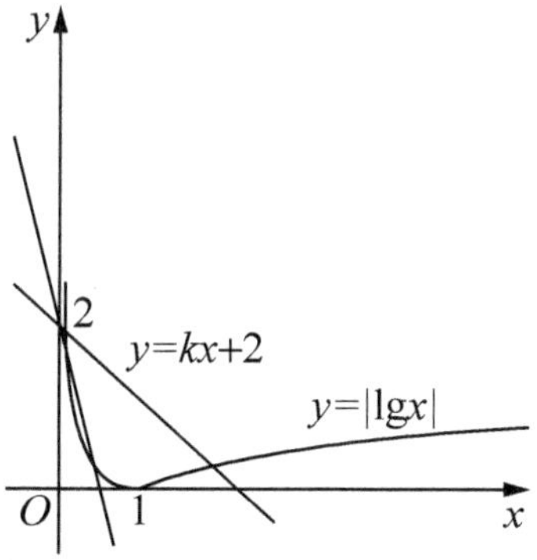

例 4(2)解析图

对于①，当 $k=0$ 时，由 $f(x)=|\lg x|-2=0$，可得 $x=\frac{1}{100}$或 $x=100$，①正确.

对于②，考察直线 $y=kx+2$ 与曲线 $y=-\lg x(0<x<1)$ 相切于点 $P(t,-\lg t)$.

对函数 $y=-\lg x$ 求导得 $y'=-\frac{1}{x\ln 10}$.

由题意可得$\begin{cases}kt+2=-\lg t,\\ k=-\frac{1}{t\ln 10},\end{cases}$解得$\begin{cases}t=\frac{\mathrm{e}}{100},\\ k=-\frac{100}{\mathrm{e}}\lg \mathrm{e}.\end{cases}$

所以存在 $k=-\frac{100}{\mathrm{e}}\lg \mathrm{e}<0$，使得 $f(x)$ 只有一个零点，②正确.

对于③，当直线 $y=kx+2$ 过点 $(1,0)$ 时，$k+2=0$，解得 $k=-2$.

所以当$-\frac{100}{\mathrm{e}}\lg \mathrm{e}<k<-2$ 时，直线 $y=kx+2$ 与曲线 $y=-\lg x$

$(0<x<1)$有两个交点.

若函数 $f(x)$有三个零点,则直线 $y=kx+2$ 与曲线 $y=-\lg x$ $(0<x<1)$有两个交点,直线 $y=kx+2$ 与曲线 $y=\lg x(x>1)$有一个交点,所以$\begin{cases}-\dfrac{100}{e}\lg e<k<-2,\\ k+2>0,\end{cases}$此不等式无解.

因此,不存在 $k<0$,使得函数 $f(x)$有三个零点,③错误.

对于④,考察直线 $y=kx+2$ 与曲线 $y=\lg x(x>1)$相切于点 $P(t,\lg t)$.

对函数 $y=\lg x$ 求导得 $y'=\dfrac{1}{x\ln 10}$,由题意可得$\begin{cases}kt+2=\lg t,\\ k=\dfrac{1}{t\ln 10},\end{cases}$解得$\begin{cases}t=100e,\\ k=\dfrac{\lg e}{100e},\end{cases}$所以当 $0<k<\dfrac{\lg e}{100e}$时,函数 $f(x)$有三个零点,④正确.

故答案为①②④.

【方法归纳】 归纳的结论是否正确,需要进行严格的判断或证明,综合法与分析法是常用的两种方法.综合法与分析法各有特点,综合法侧重于条件提供的信息,分析法侧重于结论提供的信息.在实际解题过程中,常把综合法与分析法结合起来使用,没有分析就没有综合,分析是综合的基础,它们相辅相成,是对立统一的.对于较复杂的问题,可以采用两头凑的方法,即通过分析法先找出某个与结论等价(或充分)的中间结论,然后通过综合法由条件证明这个中间结论,使原命题得证.

三、数学建模

数学建模是对现实问题进行抽象，用数学语言表达和解决问题的过程. 在实际情境中，从数学的视角提出问题、分析问题、表达问题、构建模型、求解结论、验证结果、改进模型，最终得到符合实际问题的结果. 新课程标准对数学建模的要求如下：

(1) 能够在熟悉的情境中，发现问题并将其转化为数学问题，知道数学问题的价值与作用.

(2) 能够选择合适的数学模型表达所要解决的数学问题；理解模型中参数的意义，知道如何确定参数，建立模型，求解模型；能够根据问题的实际意义检验结果，完善模型，解决问题.

(3) 能够在类似的情境中，经历建模的过程，理解建模的意义；能够运用数学语言，表述数学建模过程中的问题以及解决问题的过程和结果，形成研究报告，展示研究成果.

(4) 在交流的过程中，能够用模型的思想说明问题.

热点一　抽象实际情境　数学视角表达

例 5　(1)(2022·新高考全国卷Ⅰ第 4 题)　南水北调工程缓解了北方一些地区水资源短缺问题，其中有一部分水蓄入某水库. 已知该水库水位为海拔 148.5 m 时，相应水面的面积为 140.0 km^2；水位为海拔 157.5 m 时，相应水面的面积为 180.0 km^2. 将该水库在这两个水位间的形状看作一个棱台，则该水库水位从海拔 148.5 m 上升到 157.5 m 时，增加的水量约为($\sqrt{7}\approx 2.65$)　(　　)

A. $1.0\times 10^9\ m^3$　　B. $1.2\times 10^9\ m^3$

C. $1.4\times 10^9\ m^3$　　D. $1.6\times 10^9\ m^3$

(2) [2016·天津卷(文)第 16 题]　某化肥厂生产甲、乙两种混

合肥料,需要 A,B,C 三种主要原料.生产一车皮甲种肥料和一车皮乙种肥料所需三种原料的质量(单位:吨)见下表:

肥料	原料		
	A	B	C
甲	4	8	3
乙	5	5	10

现有 A 种原料 200 吨,B 种原料 360 吨,C 种原料 300 吨,在此基础上生产甲、乙两种肥料.已知生产一车皮甲种肥料获得的利润为 2 万元,生产一车皮乙种肥料获得的利润为 3 万元.分别用 x,y 表示生产甲、乙两种肥料的车皮数量.

(Ⅰ)用 x,y 表示满足生产条件的数学关系式,并画出相应的平面区域.

(Ⅱ)分别生产甲、乙两种肥料各多少车皮,能够获得最大的利润?并求出此最大利润.

【解析】 (1) 如图,依题意可知棱台的高为 $MN=157.5-148.5=9(\text{m})$,增加的水量即为棱台的体积 V.

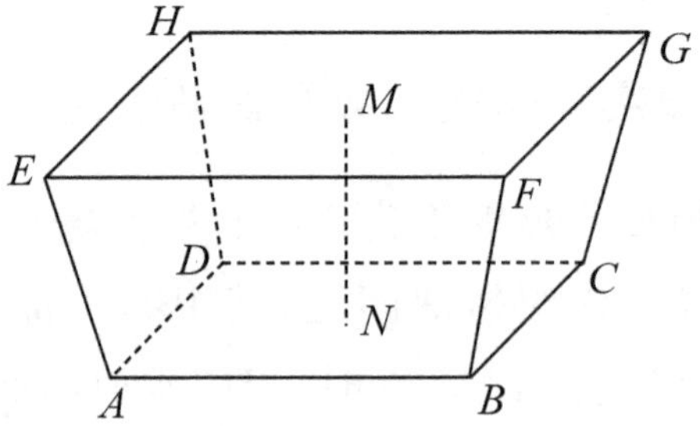

例 5(1)解析图

棱台上底面面积 $S=140.0\ \text{km}^2=140\times10^6\ \text{m}^2$,下底面面积 $S'=180.0\ \text{km}^2=180\times10^6\ \text{m}^2$.

所以 $V=\frac{1}{3}h(S+S'+\sqrt{SS'})$

$=\frac{1}{3}\times9\times(140\times10^6+180\times10^6+\sqrt{140\times180\times10^{12}})$

$=3\times(320+60\sqrt{7})\times 10^6\approx(96+18\times 2.65)\times 10^7$

$=1.437\times 10^9\approx 1.4\times 10^9(\text{m}^3)$.

故选 C.

(2)(Ⅰ)由题意知 x,y 满足的数学关系式为 $\begin{cases}4x+5y\leqslant 200,\\8x+5y\leqslant 360,\\3x+10y\leqslant 300,\\x,y\geqslant 0,\end{cases}$ 该二元一次不等式组所表示的区域为图中的阴影部分所示.

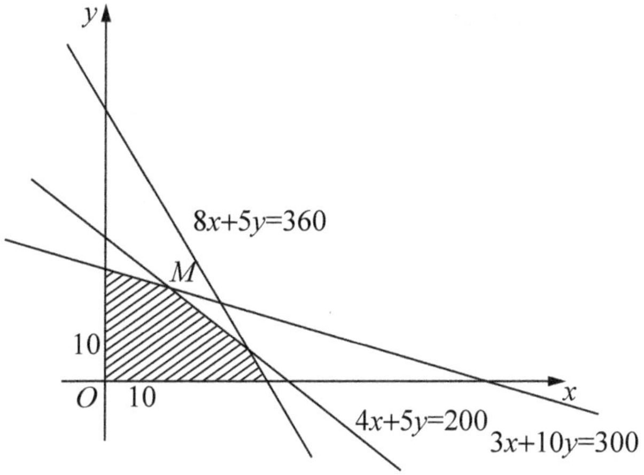

例 5(2)解析图

(Ⅱ)设利润为 z 万元,则目标函数 $z=2x+3y$,这是斜率为 $-\frac{2}{3}$ 且随 z 变化的一族平行直线,$\frac{z}{3}$ 为直线在 y 轴上的截距.当 $\frac{z}{3}$ 取最大值时,z 的值最大.又因为 x,y 满足约束条件,所以当直线 $z=2x+3y$ 经过可行域中的点 M 时,截距 $\frac{z}{3}$ 的值最大,即 z 的值最大.解方程组 $\begin{cases}4x+5y=200,\\3x+10y=300\end{cases}$ 得点 M 的坐标为 $M(20,24)$,所以 $z_{\max}=2\times 20+3\times 24=112$.

答:生产甲种肥料 20 车皮、乙种肥料 24 车皮时,利润最大,且最大利润为 112 万元.

【方法归纳】 利用数学建模思想解决实际应用问题，首先，要正确理解题意，分析条件和结论，厘清数量关系，选择恰当的模型；其次，建立模型，即将文字语言、图形（或数表）等转化为数学语言，利用数学知识建立相应的数学模型，将实际问题转化为数学问题；再次，选择合适的数学方法求解（尤其要注意使用导数解决最优化问题），利用数学知识，如函数、导数、不等式等解决数学问题；最后，将利用数学知识和方法得出的结论还原为实际问题的答案. 注意，在求解过程中要注意实际问题对变量参数的限制条件.

热点二　理解问题实质　构建合适模型

例 6　(1)（2022·新高考全国卷Ⅰ第 7 题）　设 $a=0.1e^{0.1}$，$b=\frac{1}{9}$，$c=-\ln 0.9$，则　（　　）

A. $a<b<c$　　B. $c<b<a$　　C. $c<a<b$　　D. $a<c<b$

(2)［2015·新课标卷Ⅱ（理）第 12 题］　设函数 $f'(x)$ 是奇函数 $f(x)(x\in\mathbf{R})$ 的导函数，$f(-1)=0$，当 $x>0$ 时，$xf'(x)-f(x)<0$，则使得 $f(x)>0$ 成立的 x 的取值范围是　（　　）

A. $(-\infty,-1)\cup(0,1)$　　B. $(-1,0)\cup(1,+\infty)$

C. $(-\infty,-1)\cup(-1,0)$　　D. $(0,1)\cup(1,+\infty)$

【解析】　(1) 设 $f(x)=\ln(1+x)-x(x>-1)$，则 $f'(x)=\frac{1}{1+x}-1=-\frac{x}{1+x}$.

当 $x\in(-1,0)$ 时，$f'(x)>0$；当 $x\in(0,+\infty)$ 时，$f'(x)<0$.

所以函数 $f(x)=\ln(1+x)-x$ 在 $(0,+\infty)$ 内单调递减，在 $(-1,0)$ 内单调递增，所以 $f\left(\frac{1}{9}\right)<f(0)=0$，$f\left(-\frac{1}{10}\right)<f(0)=0$.

所以 $\ln\frac{10}{9}-\frac{1}{9}<0$，故 $\frac{1}{9}>\ln\frac{10}{9}=-\ln 0.9$，即 $b>c$，

所以 $\ln\frac{9}{10}+\frac{1}{10}<0$，故 $\frac{9}{10}<e^{-\frac{1}{10}}$，所以 $\frac{1}{10}e^{\frac{1}{10}}<\frac{1}{9}$，故 $a<b$.

设 $g(x)=xe^x+\ln(1-x)(0<x<1)$，则

$g'(x)=(x+1)e^x+\frac{1}{x-1}=\frac{(x^2-1)e^x+1}{x-1}$.

令 $h(x)=e^x(x^2-1)+1$，则 $h'(x)=e^x(x^2+2x-1)$.

当 $0<x<\sqrt{2}-1$ 时，$h'(x)<0$，函数 $h(x)=e^x(x^2-1)+1$ 单调递减；

当 $\sqrt{2}-1<x<1$ 时，$h'(x)>0$，函数 $h(x)=e^x(x^2-1)+1$ 单调递增.

又 $h(0)=0$，所以当 $0<x<\sqrt{2}-1$ 时，$h(x)<0$.

所以当 $0<x<\sqrt{2}-1$ 时，$g'(x)>0$，函数 $g(x)=xe^x+\ln(1-x)$ 单调递增.

所以 $g(0.1)>g(0)=0$，即 $0.1e^{0.1}>-\ln0.9$，所以 $a>c$.

故选 C.

(2) 设 $h(x)=\frac{f(x)}{x}$，因为 $f(x)$ 是奇函数，所以 $f(-x)=-f(x)$.

所以 $h(-x)=\frac{f(-x)}{-x}=\frac{f(x)}{x}=h(x)$.

所以 $h(x)$ 是偶函数.

因为 $xf'(x)-f(x)<0$，所以

$h'(x)=\left[\frac{f(x)}{x}\right]'=\frac{xf'(x)-f(x)}{x^2}<0$.

所以 $h(x)$ 在 $(0,+\infty)$ 内为减函数，在 $(-\infty,0)$ 内为增函数，且 $h(\pm1)=0$，如图所示，可知满足 $f(x)>0$ 的 x 的取值范围是 $(-\infty,-1)\cup(0,1)$.

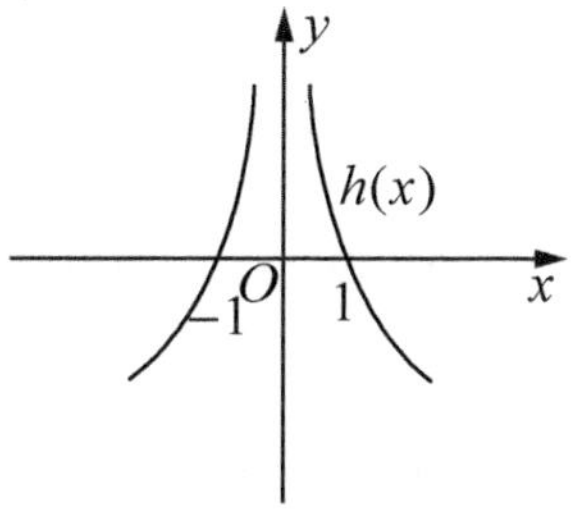

例 6(2)解析图

故选 A.

【方法归纳】 数学建模要在理解问题实质的基础上，构造恰当的数学模型.如本例，解题中遇到有关不等式、方程及最值之类的问题，构造辅助函数是常用方法.设法建立目标函数，并确定变量的限制条件，通过研究函数的单调性、最值等问题，常可使问题变得明了.如研究不等式 $f(x)>g(x)$ 在区间 D 上恒成立时，可以构造函数 $h(x)=f(x)-g(x)$，根据函数的单调性或函数的最值证明函数 $h(x)>0$，其中一个重要技巧就是找到函数 $h(x)$ 的零点，这往往就是解决问题的一个突破口.

四、数学运算

数学运算是指在明晰运算对象的基础上，依据运算法则解决数学问题.数学运算主要包括：理解运算对象，掌握运算法则，探究运算方向，选择运算方法，设计运算程序，求得运算结果.新课程标准对数学运算的要求如下：

(1) 能够在数学情境中明晰运算对象，提出运算问题，探究运算的方向和目标.

(2) 能够针对运算问题，正确分析运算条件，确定运算方向；能够合理选择运算方法，设计运算程序，综合利用运算法则解决问题.

(3) 能够理解运算法则与运算方法之间的关系，知道运算是一种演绎推理；能够在综合利用运算方法解决问题的过程中，体会程序化思想的意义和作用.

(4) 在交流的过程中，能够借助运算探讨问题.

热点一　明晰运算对象　探究运算目标

例 7　(1) [2021 · 全国甲卷(理)第 9 题]　若 $\alpha\in\left(0,\frac{\pi}{2}\right)$，$\tan 2\alpha=\frac{\cos\alpha}{2-\sin\alpha}$，则 $\tan\alpha=$　(　　)

A. $\frac{\sqrt{15}}{15}$　　B. $\frac{\sqrt{5}}{5}$　　C. $\frac{\sqrt{5}}{3}$　　D. $\frac{\sqrt{15}}{3}$

(2) [2019·浙江卷(理)第 17 题]　已知正方形 $ABCD$ 的边长为 1,当每个 $\lambda_i(i=1,2,3,4,5,6)$ 取遍 ±1 时,$|\lambda_1\overrightarrow{AB}+\lambda_2\overrightarrow{BC}+\lambda_3\overrightarrow{CD}+\lambda_4\overrightarrow{DA}+\lambda_5\overrightarrow{AC}+\lambda_6\overrightarrow{BD}|$ 的最小值是________,最大值是________.

【解析】　(1) 因为 $\tan2\alpha=\frac{\cos\alpha}{2-\sin\alpha}$,所以

$\tan2\alpha=\frac{\sin2\alpha}{\cos2\alpha}=\frac{2\sin\alpha\cos\alpha}{1-2\sin^2\alpha}=\frac{\cos\alpha}{2-\sin\alpha}$.

因为 $\alpha\in\left(0,\frac{\pi}{2}\right)$,所以 $\cos\alpha\neq0$,所以$\frac{2\sin\alpha}{1-2\sin^2\alpha}=\frac{1}{2-\sin\alpha}$.

解得 $\sin\alpha=\frac{1}{4}$,所以 $\cos\alpha=\sqrt{1-\sin^2\alpha}=\frac{\sqrt{15}}{4}$.

所以 $\tan\alpha=\frac{\sin\alpha}{\cos\alpha}=\frac{\sqrt{15}}{15}$.

(2) 如图,分别以 AB,AD 为 x 轴、y 轴建立平面直角坐标系,则$\overrightarrow{AB}=(1,0)$,$\overrightarrow{BC}=(0,1)$,$\overrightarrow{CD}=(-1,0)$,$\overrightarrow{DA}=(0,-1)$,$\overrightarrow{AC}=(1,1)$,$\overrightarrow{BD}=(-1,1)$.

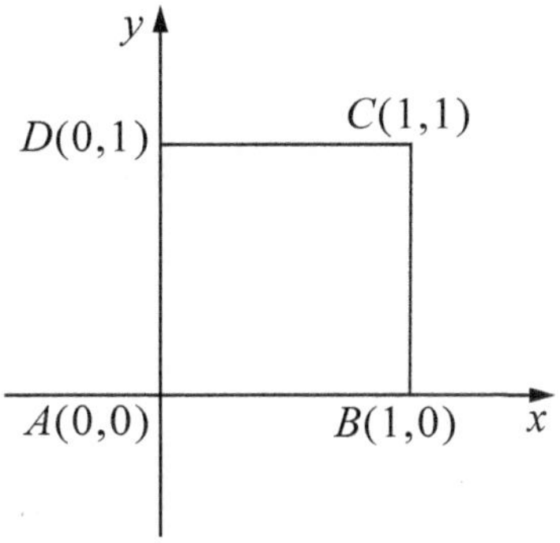

例 7(2)解析图

令 $y=\lambda_1\overrightarrow{AB}+\lambda_2\overrightarrow{BC}+\lambda_3\overrightarrow{CD}+\lambda_4\overrightarrow{DC}+\lambda_5\overrightarrow{AC}+\lambda_6\overrightarrow{BD}$

$=\sqrt{(\lambda_1-\lambda_3+\lambda_5-\lambda_6)^2+(\lambda_2-\lambda_4+\lambda_5-\lambda_6)^2}\geqslant0$.

又因为 $\lambda_i(i=1,2,3,4,5,6)$ 可取遍 ±1,所以当 $\lambda_1=\lambda_3=\lambda_4=\lambda_5=\lambda_6=1,\lambda_2=-1$ 时,有最小值 $y_{\min}=0$.

因为 $\lambda_1-\lambda_3+\lambda_5$ 和 $\lambda_2-\lambda_4+\lambda_5$ 的取值不相关,$\lambda_6=1$ 或 $\lambda_6=-1$,所以当 $\lambda_1-\lambda_3+\lambda_5$ 和 $\lambda_2-\lambda_4+\lambda_5$ 分别取得最大值时,y 有最大值,所以当 $\lambda_1=\lambda_2=\lambda_5=\lambda_6=1,\lambda_3=\lambda_4=-1$ 时,有最大值 $y_{\max}=\sqrt{2^2+4^2}=2\sqrt{5}$.

【方法归纳】　课程标准及高考大纲对数学运算的要求较高,有三个层次:第一层次是“会根据法则、公式进行正确运算、变形和数

据处理”，即运算的正确性，如第(1)题；第二层次是“能根据问题的条件，寻求设计合理、简洁的运算途径，能根据要求对数据进行估计和近似计算”，即运算的合理性和迅速性，如第(2)题；第三层次是“运算求解能力是思维能力与运算技能的结合”，即运算的思维性，如第(2)题. 因此，考生在复习备考时要根据个人的实际情况，在这三个层次上进行有针对性的训练.

热点二　合理选择方法　综合利用法则

例 8　(1) [2022·全国甲卷(理)第6题]　当 $x=1$ 时，函数 $f(x)=a\ln x+\frac{b}{x}$ 取得最大值 -2，则 $f'(2)=$　(　　)

A. -1　　B. $-\frac{1}{2}$　　C. $\frac{1}{2}$　　D. 1

(2) (2022·新高考全国卷Ⅰ第13题)　$\left(1-\frac{y}{x}\right)(x+y)^8$ 的展开式中 x^2y^6 的系数为________.(用数字作答)

(3) (2021·浙江卷第16题)　已知椭圆 $\frac{x^2}{a^2}+\frac{y^2}{b^2}=1(a>b>0)$，焦点 $F_1(-c,0)$，$F_2(c,0)(c>0)$. 若过 F_1 的直线和圆 $\left(x-\frac{1}{2}c\right)^2+y^2=c^2$ 相切，与椭圆在第一象限交于点 P，且 $PF_2\perp x$ 轴，则该直线的斜率是________，椭圆的离心率是________.

【解析】　(1) 因为函数 $f(x)$ 的定义域为 $(0,+\infty)$，所以依题意可知 $f(1)=-2$，$f'(1)=0$. 而 $f'(x)=\frac{a}{x}-\frac{b}{x^2}$，所以 $b=-2$，$a-b=0$，即 $a=-2$，$b=-2$，所以 $f'(x)=-\frac{2}{x}+\frac{2}{x^2}$. 因此，函数 $f(x)$ 在 $(0,1)$ 内递增，在 $(1,+\infty)$ 内递减，在 $x=1$ 时取得最大值，满足题意，即有 $f'(2)=-1+\frac{1}{2}=-\frac{1}{2}$. 故选 B.

(2) 因为 $\left(1-\frac{y}{x}\right)(x+y)^8=(x+y)^8-\frac{y}{x}(x+y)^8$，所以

$\left(1-\frac{y}{x}\right)(x+y)^8$的展开式中含 x^2y^6 的项为 $C_8^6x^2y^6-\frac{y}{x}C_8^5x^3y^5=-28x^2y^6$，故$\left(1-\frac{y}{x}\right)(x+y)^8$的展开式中 x^2y^6 的系数为-28.

(3) 如图，不妨假设 $c=2$，设切点为 B，则

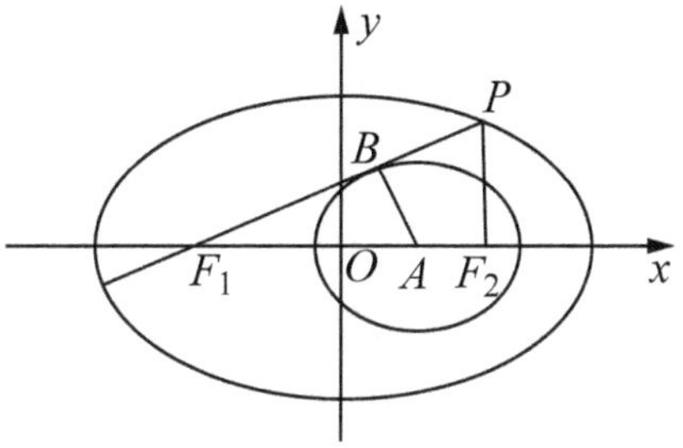

例 8(3)解析图

$\sin\angle PF_1F_2=\sin\angle BF_1A=\frac{|AB|}{|F_1A|}=\frac{2}{3}$，

$\tan\angle PF_1F_2=\frac{2}{\sqrt{3^2-2^2}}=\frac{2\sqrt{5}}{5}$，所以 $k=\frac{2\sqrt{5}}{5}$.

由 $k=\frac{|PF_2|}{|F_1F_2|}$，$|F_1F_2|=2c=4$，得

$|PF_2|=\frac{8\sqrt{5}}{5}$，$|PF_1|=|PF_2|\times\frac{1}{\sin\angle PF_1F_2}=\frac{12\sqrt{5}}{5}$.

于是 $2a=|PF_1|+|PF_2|=4\sqrt{5}$，即 $a=2\sqrt{5}$.

所以 $e=\frac{c}{a}=\frac{2}{2\sqrt{5}}=\frac{\sqrt{5}}{5}$.

【方法归纳】 运算包括对数字的计算、估值和近似计算，对式子的组合变形与分解变形，对几何图形和几何量的计算求解等. 运算能力既包括分析运算条件、探究运算方向、选择运算公式、明确运算程序等过程的思维能力，也包括在实施运算过程中遇到障碍而调整运算方法的能力. 考生在复习备考时，第一要从思想上提高认识，运算的准确、合理和熟练是数学能力高低的重要标志，需要经过反复训练才能提高运算能力；第二要养成思维严谨、步骤完整的解题习惯.

五、直观想象

直观想象是指借助空间想象能力感知事物的形态与变化，利用几何图形理解和解决数学问题．直观想象主要包括：利用图形描述数学问题，建立形与数的联系，构建数学问题的直观模型，探索解决问题的思路．新课程标准对直观想象的要求如下：

（1）能够在实际问题和数学情境中，想象并构建相应的几何图形，借助图形提出数学问题，发现图形与图形、图形与数量的关系，探索图形的运动规律．

（2）能够掌握研究图形与图形、图形与数量关系的基本方法；能够借助图形性质探索数学规律；能够通过计算、分析、论证，解决实际问题或数学问题．

（3）能够通过直观想象提出数学问题；能够用图形探索解决问题的思路；能够形成数形结合的思想，体会几何直观的作用和意义．

（4）在交流的过程中，能够利用直观想象探讨数学问题．

热点一　想象构建图形　探究内在规律

例 9　（1）（2020·浙江卷第 5 题）某几何体的三视图（单位：cm）如图所示，则该几何体的体积（单位：cm^3）是　　（　　）

A. $\frac{7}{3}$　　B. $\frac{14}{3}$

C. 3　　D. 6

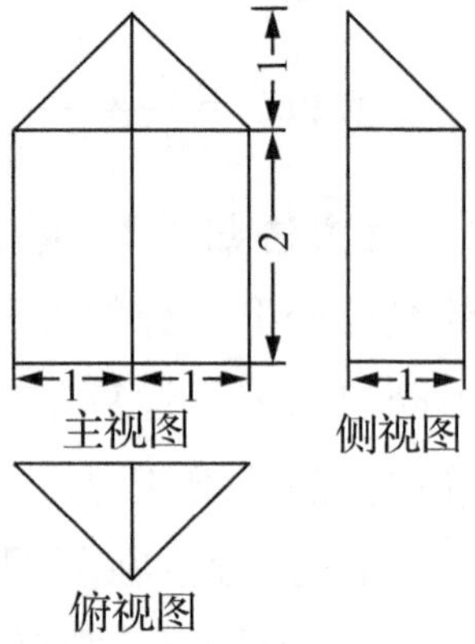

例 9(1)图

(2)(2021·浙江卷第 4 题) 某几何体的三视图如图所示,则该几何体的体积是 ( )

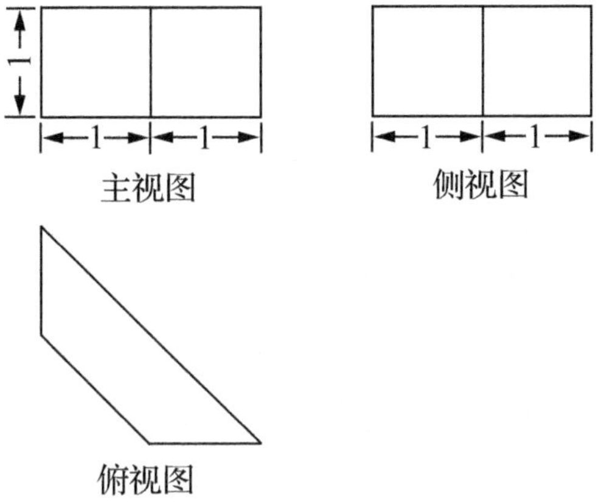

例 9(2)图

A. $\frac{3}{2}$　　B. 3　　C. $\frac{3\sqrt{2}}{2}$　　D. $3\sqrt{2}$

【解析】 (1) 由三视图可知,该几何体上半部分是三棱锥,下半部分是三棱柱,且三棱锥的一个侧面垂直于底面,三棱锥的高为 1,三棱柱的底面为等腰直角三角形,三棱柱的高为 2,所以几何体的体积为

$$\frac{1}{3}\times\left(\frac{1}{2}\times2\times1\right)\times1+\left(\frac{1}{2}\times2\times1\right)\times2=\frac{1}{3}+2=\frac{7}{3}.$$

故选 A.

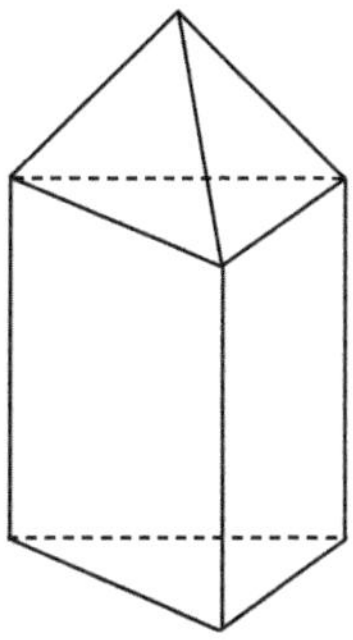

例 9(1)解析图

(2) 几何体为如图所示的四棱柱 $ABCD\text{-}A_1B_1C_1D_1$,其高为 1,底面为等腰梯形 $ABCD$.

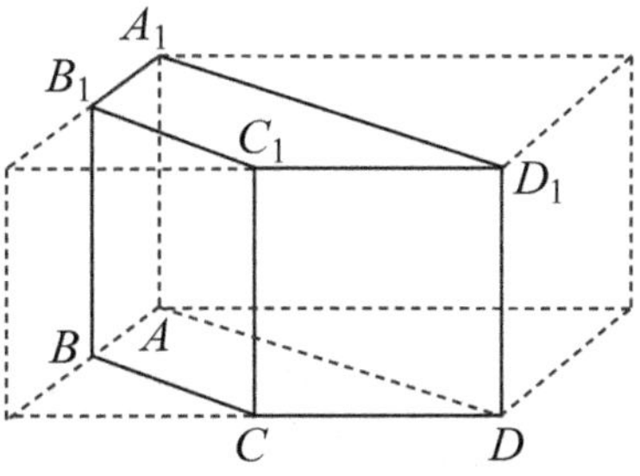

例 9(2)解析图

该等腰梯形的上底为$\sqrt{2}$，下底为$2\sqrt{2}$，腰长为1，故梯形的高为$\sqrt{1-\frac{1}{2}}=\frac{\sqrt{2}}{2}$，$V_{ABCD-A_1B_1C_1D_1}=\frac{1}{2}\times(\sqrt{2}+2\sqrt{2})\times\frac{\sqrt{2}}{2}\times1=\frac{3}{2}$.

故选A.

【方法归纳】 对直观想象素养的考查在立体几何试题中体现得尤为明显，对空间几何体的表面积、体积与三视图的综合考查是这一考点的主要体现形式.解题关键是由三视图判断几何体的结构特征并确定相应的数量关系.在求解空间几何体的表面积时，多面体的表面积是各个面的面积之和，组合体的表面积应注意对重合部分的处理.解决有关外接球问题的关键是抓住“外接”的特点，即球心到多面体的顶点的距离都等于球的半径，同时要作一圆面起衬托作用.

热点二　直观提出问题　数形结合解答

例10　(1)［2018·全国卷Ⅰ(理)第9题］　已知函数$f(x)=\begin{cases}e^x, & x\leqslant 0,\\ \ln x, & x>0,\end{cases}$若$g(x)=f(x)+x+a$存在2个零点，则$a$的取值范围是（　　）

A. $[-1,0)$　　B. $[0,+\infty)$

C. $[-1,+\infty)$　　D. $[1,+\infty)$

(2)［2019·浙江卷(理)第9题］　已知$a,b\in\mathbf{R}$，函数$f(x)=\begin{cases}x, & x<0,\\ \frac{1}{3}x^3-\frac{1}{2}(a+1)x^2+ax, & x\geqslant 0.\end{cases}$若函数$y=f(x)-ax-b$恰有3个零点，则（　　）

A. $a<-1,b<0$　　B. $a<-1,b>0$

C. $a>-1,b<0$　　D. $a>-1,b>0$

(3)［2018·全国卷Ⅰ(文)第12题］　设函数$f(x)=$

$\begin{cases}2^{-x}, & x\leqslant 0,\\ 1, & x>0,\end{cases}$ 则满足 $f(x+1)<f(2x)$ 的 x 的取值范围是 ( )

A. $(-\infty,-1]$　　B. $(0,+\infty)$

C. $(-1,0)$　　D. $(-\infty,0)$

【解析】 (1) 方程 $g(x)=f(x)+x+a$ 有 2 个零点，等价于方程 $f(x)=-x-a$ 有 2 个实根，即函数 $y=f(x)$ 的图象与直线 $y=-x-a$ 的图象有 2 个交点. 从图象可知，必须使得直线 $y=-x-a$ 位于直线 $y=-x+1$ 的下方，所以 $-a\leqslant 1$，即 $a\geqslant -1$. 故选 C.

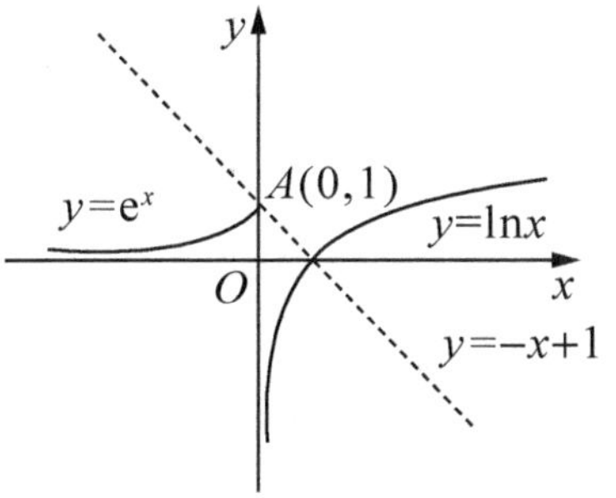

例 10(1)解析图

(2) 当 $x<0$ 时，$y=f(x)-ax-b=x-ax-b=(1-a)x-b=0$，得 $x=\dfrac{b}{1-a}$，则 $y=f(x)-ax-b$ 最多有 1 个零点.

当 $x\geqslant 0$ 时，$y=f(x)-ax-b=\dfrac{1}{3}x^3-\dfrac{1}{2}(a+1)x^2+ax-ax-b=\dfrac{1}{3}x^3-\dfrac{1}{2}(a+1)x^2-b$，$y'=x^2-(a+1)x$.

当 $a+1\leqslant 0$，即 $a\leqslant -1$ 时，$y'\geqslant 0$，$y=f(x)-ax-b$ 在 $[0,+\infty)$ 上单调递增，则 $y=f(x)-ax-b$ 最多有 1 个零点，不合题意.

当 $a+1>0$，即 $a>-1$ 时，令 $y'>0$ 得 $x\in(a+1,+\infty)$，此时函数单调递增；令 $y'<0$ 得 $x\in[0,a+1)$，此时函数单调递减，则函数最多有 2 个零点.

根据题意，函数 $y=f(x)-ax-b$ 恰有 3 个零点，函数 $y=f(x)-ax-b$ 在 $(-\infty,0)$ 内有 1 个零点，在 $[0,+\infty)$ 内有 2 个零点，

如图所示.

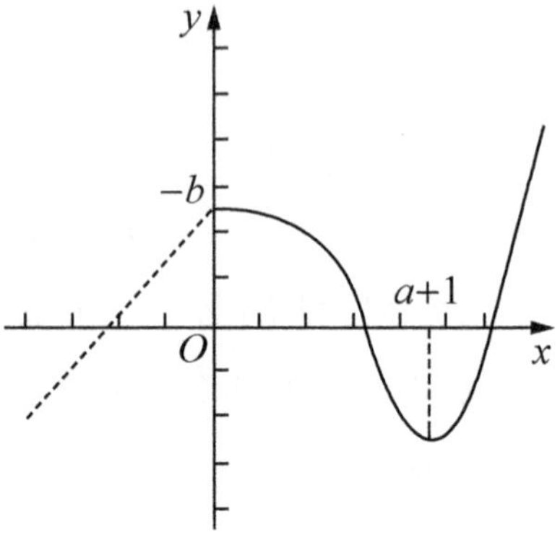

例 10(2)解析图

所以$\frac{b}{1-a}<0$且$\begin{cases}-b>0,\\ \frac{1}{3}(a+1)^3-\frac{1}{2}(a+1)(a+1)^2-b<0,\end{cases}$解得

$b<0,1-a>0,b>-\frac{1}{6}(a+1)^3$,则 $a>-1,b<0$.

故选 C.

(3) 画出函数 $f(x)$的图象,如图所示.

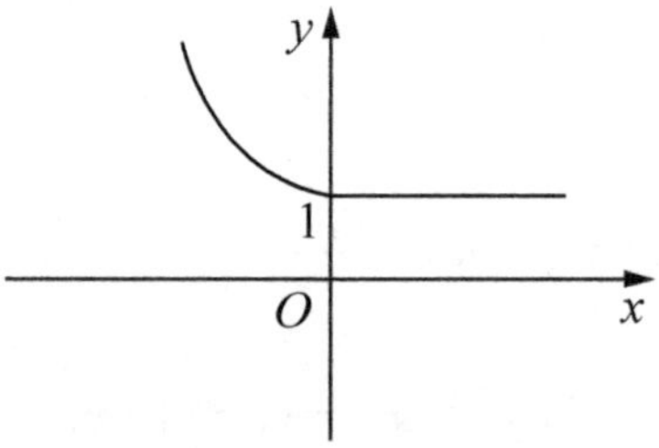

例 10(3)解析图

由图可知：

① 当 $x+1\geqslant 0$ 且 $2x\geqslant 0$,即 $x\geqslant 0$ 时,$f(x+1)=f(2x)$,不满足题意；

② 当 $x+1>0$ 且 $2x<0$,即 $-1<x<0$ 时,$f(x+1)<f(2x)$显然成立；

③ 当 $x+1\leqslant 0$ 时,$x\leqslant -1$,此时 $2x<0$,若 $f(x+1)<f(2x)$,则

$x+1>2x$,解得 $x<1$,故 $x\leqslant-1$.

综上所述,x 的取值范围为$(-\infty,0)$,故选 D.

【方法归纳】 函数图象在方程、不等式中的应用策略有以下几种.(1) 研究两函数图象的交点个数:在同一坐标系中分别作出两函数的图象,通过数形结合求解;(2) 确定方程根的个数:当方程与基本函数有关时,可以通过函数图象来研究方程的根,方程 $f(x)=0$ 的根就是函数$f(x)$的图象与 x 轴的交点的横坐标,方程 $f(x)=g(x)$的根就是函数 $f(x)$与 $g(x)$的图象交点的横坐标;(3) 研究不等式的解:当不等式问题不能用代数法求解但可作出其对应函数的图象时,常将不等式问题转化为两函数图象的上下位置关系问题,从而利用数形结合求解.

利用函数的图象解决以上问题时的总原则是数形结合,因此一定要准确作出函数图象.

六、数据分析

数据分析是指从数据中获得有用信息,形成知识的过程.数据分析主要包括:收集数据提取信息,利用图表展示数据,构建模型分析数据,解释数据蕴含的结论.新课程标准对数据分析的要求如下:

(1) 能够在生活情境中,识别随机现象,知道随机现象与随机变量之间的关联,发现并提出概率或统计问题.

(2) 能够针对具体问题,选择离散型随机变量或连续型随机变量刻画随机现象,运用合适的概率或统计模型解决问题;掌握利用概率或统计知识解决问题的基本方法.

(3) 能够在运用统计方法解决问题的过程中,感悟归纳推理的思想,理解统计结论的意义;能够用概率统计来分析随机现象,用概率统计模型表达随机现象的统计规律.

(4) 在交流的过程中,能够用数据呈现的规律解释随机现象.

热点一　收集图表数据　分析展示信息

例 11　(1)(2022·全国甲卷第 2 题)　某社区通过公益讲座给社区居民普及垃圾分类知识.为了解讲座效果,随机抽取 10 位社区居民,让他们在讲座前和讲座后各回答一份垃圾分类知识问卷,这 10 位社区居民在讲座前和讲座后问卷答题的正确率如下图所示:

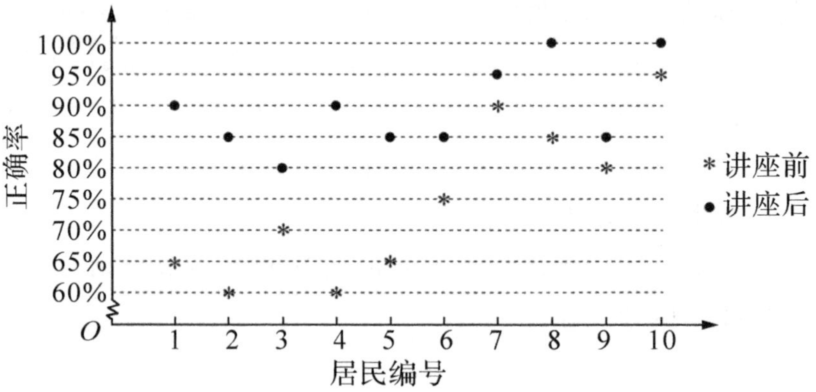

例 11(1)图

则下列说法正确的是　　　　　　　　　　　　　　　(　　)

A. 讲座前问卷答题的正确率的中位数小于 70%

B. 讲座后问卷答题的正确率的平均数大于 85%

C. 讲座前问卷答题的正确率的标准差小于讲座后正确率的标准差

D. 讲座后问卷答题正确率的极差大于讲座前正确率的极差

(2)(2021·全国甲卷第 2 题)　为了解某地农村经济情况,对该地农户家庭年收入进行抽样调查,将农户家庭年收入的调查数据整理得到如下频率分布直方图:

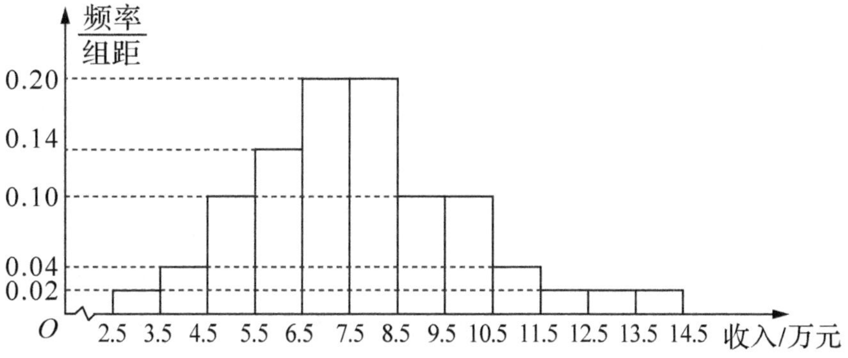

例 11(2)图

根据此频率分布直方图,下列结论不正确的是 ( )

A. 该地农户家庭年收入低于 4.5 万元的农户比例估计为 6%

B. 该地农户家庭年收入不低于 10.5 万元的农户比例估计为 10%

C. 估计该地农户家庭年收入的平均值不超过 6.5 万元

D. 估计该地有一半以上的农户,其家庭年收入介于 4.5 万元至 8.5 万元之间

【解析】 (1) 讲座前问卷答题的正确率的中位数为 $\frac{70\%+75\%}{2}>70\%$,故 A 错误.

讲座后问卷答题的正确率只有 1 个是 80%,4 个是 85%,剩下的全部大于等于 90%,所以讲座后问卷答题的正确率的平均数大于 85%,故 B 正确.

讲座前问卷答题的正确率更加分散,所以讲座前问卷答题的正确率的标准差大于讲座后正确率的标准差,故 C 错误.

讲座后问卷答题的正确率的极差为 $100\%-80\%=20\%$,讲座前问卷答题的正确率的极差为 $95\%-60\%=35\%>20\%$,故D 错误.

故选 B.

(2) 因为频率分布直方图中的组距为 1,所以各组的直方图的高度等于频率. 样本频率分布直方图中的频率即可作为总体的相应比例的估计值.

该地农户家庭年收入低于 4.5 万元的农户比例的估计值为 $0.02+0.04=0.06=6\%$，故 A 正确.

该地农户家庭年收入不低于 10.5 万元的农户的比例的估计值为 $0.04+0.02\times3=0.10=10\%$，故 B 正确.

该地农户家庭年收入介于 4.5 万元至 8.5 万元之间的比例估计值为 $0.10+0.14+0.20\times2=0.64=64\%>50\%$，故 D 正确.

该地农户家庭年收入的平均值的估计值为 $3\times0.02+4\times0.04+5\times0.10+6\times0.14+7\times0.20+8\times0.20+9\times0.10+10\times0.10+11\times0.04+12\times0.02+13\times0.02+14\times0.02=7.68$（万元），超过6.5万元，故 C 错误.

综上所述，选 C.

【方法归纳】 解决图表类问题时，应正确理解图表中各量的意义，通过图表掌握信息是解决该类问题的关键. 若题设中给出图形，一方面，可以先由图形得到相应的样本数据，再计算平均数、方差（标准差）；另一方面，可以从图形直观分析样本数据的分布情况，大致判断平均数的范围，并利用数据的波动性比较方差（标准差）的大小. 在实际应用中，若所得数据的平均数不相等，则需先分析平均水平，再计算标准差（方差）分析稳定情况.

热点二　构建数据模型　解释蕴含结论

例 12　(1)［2022·全国乙卷（理）第 19 题］　某地经过多年的环境治理，已将荒山改造成绿水青山. 为估计一林区某种树木的总材积量，随机选取了 10 棵这种树木，测量每棵树的根部横截面积（单位：m^2）和材积量（单位：m^3），得到如下数据：

样本号 i	1	2	3	4	5	6	7	8	9	10	总和
根部横截面积 x_i	0.04	0.06	0.04	0.08	0.08	0.05	0.05	0.07	0.07	0.06	0.6
材积量 y_i	0.25	0.40	0.22	0.54	0.51	0.34	0.36	0.46	0.42	0.40	3.9

并计算得 $\sum_{i=1}^{10} x_i^2=0.038$，$\sum_{i=1}^{10} y_i^2=1.6158$，$\sum_{i=1}^{10} x_iy_i=0.2474$.

（Ⅰ）估计该林区这种树木的平均根部横截面积与平均材积量.

（Ⅱ）求该林区这种树木的根部横截面积与材积量的样本相关系数(精确到 0.01).

（Ⅲ）现测量了该林区所有这种树木的根部横截面积，并得到所有这种树木的根部横截面积总和为 186 m^2. 已知树木的材积量与其根部横截面积近似成正比. 利用以上数据给出该林区这种树木的总材积量的估计值.

附：相关系数 $r=\dfrac{\sum_{i=1}^{n}(x_i-\overline{x})(y_i-\overline{y})}{\sqrt{\sum_{i=1}^{n}(x_i-\overline{x})^2\sum_{i=1}^{n}(y_i-\overline{y})^2}}$，$\sqrt{1.896}\approx 1.377$.

(2)［2019·全国卷Ⅰ(理)第 21 题］ 为治疗某种疾病，研制了甲、乙两种新药，想知道哪种新药更有效，为此进行动物试验. 试验方案如下：每一轮选取两只白鼠对药效进行对比试验. 对于两只白鼠，随机选一只施以甲药，另一只施以乙药. 一轮的治疗结果得出后，再安排下一轮试验. 当其中一种药治愈的白鼠比另一种药治愈的白鼠多 4 只时，就停止试验，并认为治愈只数多的药更有效. 为了方便描述问题，约定：对于每轮试验，若施以甲药的白鼠治愈且施以乙药的白鼠未治愈，则甲药得 1 分，乙药得 -1 分；若施以乙药的白鼠治愈且施以甲药的白鼠未治愈，则乙药得 1 分，甲药得 -1 分；若都治愈或都未治愈，则两种药均得 0 分. 甲、乙两种药的治愈率分别记为 α 和 β，一轮试验中甲药的得分记为 X.

（Ⅰ）求 X 的分布列.

（Ⅱ）若甲药、乙药在试验开始时都赋予 4 分，$p_i(i=0,1,\cdots,8)$ 表示“甲药的累计得分为 i 时，最终认为甲药比乙药更有效”的概率，则 $p_0=0$，$p_8=1$，$p_i=ap_{i-1}+bp_i+cp_{i+1}(i=1,2,\cdots,7)$，其中 $a=P(X=-1)$，$b=P(X=0)$，$c=P(X=1)$. 假设 $\alpha=0.5$，$\beta=0.8$.

(i) 证明：$\{p_{i+1}-p_i\}(i=0,1,2,\cdots,7)$为等比数列；

(ii) 求 p_4，并根据 p_4的值解释这种试验方案的合理性.

【解析】 (1)(Ⅰ)样本中10棵这种树木的根部横截面积的平均值$\overline{x}=\dfrac{0.6}{10}=0.06$，样本中10棵这种树木的材积量的平均值$\overline{y}=\dfrac{3.9}{10}=0.39$，据此可估计该林区这种树木的平均根部横截面积为0.06 m^2，平均材积量为0.39 m^3.

(Ⅱ)
$$r=\frac{\sum\limits_{i=1}^{10}(x_i-\overline{x})(y_i-\overline{y})}{\sqrt{\sum\limits_{i=1}^{10}(x_i-\overline{x})^2\sum\limits_{i=1}^{10}(y_i-\overline{y})^2}}$$
$$=\frac{\sum\limits_{i=1}^{10}x_iy_i-10\,\overline{x}\,\overline{y}}{\sqrt{\left(\sum\limits_{i=1}^{10}x_i^2-10\,\overline{x}^2\right)\left(\sum\limits_{i=1}^{10}y_i^2-10\,\overline{y}^2\right)}}$$
$$=\frac{0.2474-10\times0.06\times0.39}{\sqrt{(0.038-10\times0.06^2)(1.6158-10\times0.39^2)}}$$
$$=\frac{0.0134}{\sqrt{0.0001896}}\approx\frac{0.0134}{0.01377}\approx0.97.$$

(Ⅲ)设该林区这种树木的总材积量的估计值为Y m^3，又已知树木的材积量与其根部横截面积近似成正比，可得$\dfrac{0.06}{0.39}=\dfrac{186}{Y}$，解得$Y=1\,209$ m^3.

所以该林区这种树木的总材积量估计为1 209 m^3.

(2)(Ⅰ)X的所有可能取值为$-1,0,1$.

$P(X=-1)=(1-\alpha)\beta$，

$P(X=0)=\alpha\beta+(1-\alpha)(1-\beta)$，

$P(X=1)=\alpha(1-\beta)$.

所以X的分布列为

X	-1	0	1
P	$(1-\alpha)\beta$	$\alpha\beta+(1-\alpha)(1-\beta)$	$\alpha(1-\beta)$

(Ⅱ) (i) 由(1)得 $a=0.4, b=0.5, c=0.1$.

因此 $p_i=0.4p_{i-1}+0.5p_i+0.1p_{i+1}$.

故 $0.1(p_{i+1}-p_i)=0.4(p_i-p_{i-1})$，即 $p_{i+1}-p_i=4(p_i-p_{i-1})$.

又因为 $p_1-p_0=p_1\neq 0$，所以 $\{p_{i+1}-p_i\}$ $(i=0,1,2,\cdots,7)$ 是公比为 4、首项为 p_1 的等比数列.

(ii) 由(i)可得

$$p_8=p_8-p_7+p_7-p_6+\cdots+p_1-p_0+p_0$$
$$=(p_8-p_7)+(p_7-p_6)+\cdots+(p_1-p_0)=\frac{4^8-1}{3}p_1.$$

由于 $p_8=1$，故 $p_1=\frac{3}{4^8-1}$.

所以 $p_4=(p_4-p_3)+(p_3-p_2)+(p_2-p_1)+(p_1-p_0)$
$$=\frac{4^4-1}{3}p_1=\frac{1}{257}.$$

p_4 表示最终认为甲药更有效的概率.

由计算结果可以看出，在甲药治愈率为 0.5，乙药治愈率为 0.8 时，认为甲药更有效的概率为 $p_4=\frac{1}{257}\approx 0.0039$.

此时得出错误结论的概率非常小，说明这种试验方案合理.

【方法归纳】 解答统计与概率综合问题时注意：(1) 从统计图表中准确获取相关信息是解题的关键；(2) 明确频率与概率的关系，频率可近似代替概率；(3) 此类问题中的概率模型多是古典概型，在求解时，要明确基本事件的构成.

回归分析是对具有相关关系的两个变量进行统计分析的方法. 需要注意的是，只有在散点图大致呈线性时，求出的线性回归方程才有实际意义，否则，求出的线性回归方程毫无意义. (1) 求回归方程时，关键在于正确求出系数 $\hat{a},\hat{b}$，由于 $\hat{a},\hat{b}$ 的计算量大，计算时应仔细谨慎,分层进行,避免因计算而产生错误.(注意线性回归方程中一次项系数为 $\hat{b}$,常数项为 $\hat{a}$,这与一次函数的表示习惯不同.)

(2) 根据回归方程进行预测,仅是一个预测值,而不是真实发生的值.

高考函数应用问题

在高考数学试卷中，结合实际应用背景考查的题目一直都占有一定的比例．自从概率分布的内容进入高中数学课本后，高考中具有应用背景的题目主要涉及这一部分的知识．另外，抽样方法、逻辑、排列组合、线性规划、数列这些知识的考查也可以结合实际问题．纯粹的函数应用问题虽然减少了，但还是占有一定的比例．

笔者经过多年来对全国各地高考题的分析，发现根据函数模型和考查重点，高考中函数应用问题的考查可以粗略地分为以下几类．

一、二次函数模型

涉及二次函数的题目，要么直接给出二次函数的表达式，明确二次函数模型，需要考生根据二次函数的性质求待定系数，进而解决下一步问题，如 2014 年北京卷文科第 8 题；要么根据所给的实际问题列出的表达式是二次函数，进而求最值，如 2018 年上海卷第19 题．

例 1［2014 · 北京卷（文）第 8 题］　加工爆米花时，爆开且不糊的粒数的百分比称为可食用率．在特定条件下，可食用率 p 与加工时间 t（单位：min）满足的函数关系 $p=at^2+bt+c$（a,b,c 是常数），下图记录了三次实验的数据．根据上述函数模型和实验数据，可以得到最佳加工时间为　　　　（　　）

A. 3.50 min　　　　B. 3.75 min

C. 4.00 min　　　　D. 4.25 min

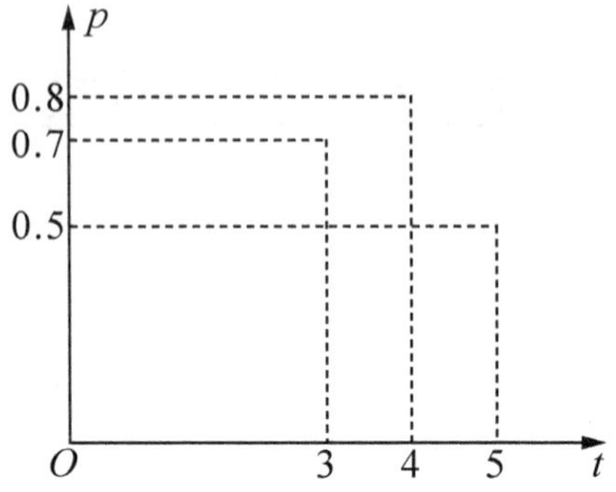

例 1 图

【解析】 本题以实际问题为背景，主要考查二次函数的解析式的求解、二次函数的最值等基础知识，考查同学们分析问题与解决问题的能力. 学生要了解“可食用率”这一新概念，明确本题就是给出了可食用率 p 与加工时间 t 的一个函数关系，进而转化为二次函数的最值问题. 由题意可知二次函数图象上三个点的坐标，将其分别代入所给的二次函数关系式，通过解方程组即可求得系数 a,b,c 的值，进而求得加工时间为 3.75 min 时可食用率最高，因此答案为 B. 此题考查了数学运算和数学建模的核心素养.

例 2（2018 · 上海卷第 19 题） 某群体的人均通勤时间，是指单日内该群体中成员从居住地到工作地的平均用时. 某地上班族 S 中的成员仅以自驾或公交方式通勤. 分析显示：当 S 中 $x\%$ $(0<x<100)$ 的成员自驾时，自驾群体的人均通勤时间为

$$f(x)=\begin{cases}30, & 0<x\leqslant 30,\\ 2x+\dfrac{1\,800}{x}-90, & 30<x<100\end{cases}\text{（单位：min）},$$

而公交群体的人均通勤时间不受 x 影响，恒为 40 min. 试根据上述分析结果回答下列问题：

(1) 当 x 在什么范围内时，公交群体的人均通勤时间少于自驾群体的人均通勤时间？

(2) 求该地上班族 S 的人均通勤时间 $g(x)$ 的表达式，讨论 $g(x)$ 的单调性，并说明其实际意义.

【解析】 (1) 由题意知，当 $30<x<100$ 时，$f(x)=2x+\frac{1\,800}{x}-90>40$，即 $x^2-65x+900>0$，解得 $x<20$ 或 $x>45$.

所以当 $x\in(45,100)$ 时，公交群体的人均通勤时间少于自驾群体的人均通勤时间.

(2) 当 $0<x\leqslant30$ 时，$g(x)=30\times x\%+40(1-x\%)=40-\frac{x}{10}$，显然此时 $g(x)$ 单调递减.

当 $30<x<100$ 时，

$$g(x)=\left(2x+\frac{1\,800}{x}-90\right)\times x\%+40(1-x\%)$$

$$=\frac{x^2}{50}-\frac{13}{10}x+58=\frac{1}{50}(x-32.5)^2+79.125.$$

显然当 $30<x<32.5$ 时 $g(x)$ 单调递减，当 $32.5<x<100$ 时 $g(x)$ 单调递增.

综上可知：当 $0<x<32.5$ 时，$g(x)$ 单调递减；当 $32.5<x<100$ 时，$g(x)$ 单调递增.

说明该地上班族 S 中有小于 32.5% 的人自驾时，人均通勤时间是递减的；有大于 32.5% 的人自驾时，人均通勤时间是递增的；当有 32.5% 的人自驾时，人均通勤时间最少.

【方法归纳】 二次函数模型的考查，往往要与三个“二次”结合，需要用到一元二次方程、一元二次不等式、一元二次函数的关系，考生必须熟悉三者之间的关系，做到有效转化. 这个要求往往比较高.

二、三次函数模型

像二次函数模型一样，涉及三次函数的题目，要么直接明确三次函数模型，考生需要根据所给条件求待定系数，如 2014 年陕西卷理科第 10 题直接给出函数类型为三次函数；要么根据所给的实际问题列出的表达式是三次函数，进而利用导数求最值，如 2020 年江苏卷第 17 题. 相对来说，这几年文科卷考查三次函数问题相对更多一些.

例 3［2014 · 陕西卷(理)第 10 题］　如图，某飞行器在 4 km 高空水平飞行，从距着陆点 A 水平距离 10 km 处下降. 已知该飞行器下降时飞行的轨迹为某三次函数图象的一部分，则该函数的解析式为　　　　(　　)

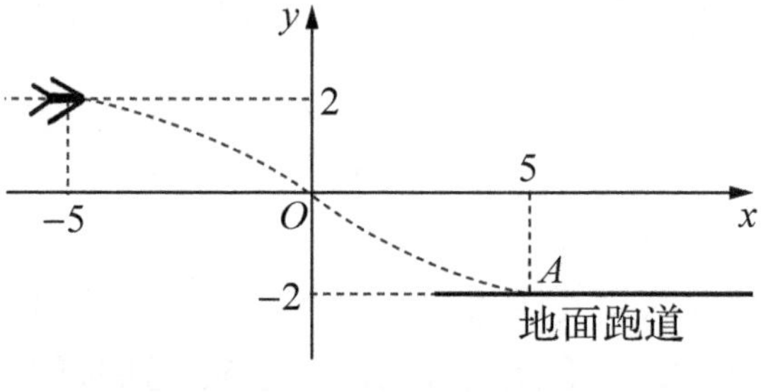

例 3 图

A. $y=\frac{1}{125}x^3-\frac{3}{5}x$　　　　B. $y=\frac{2}{125}x^3-\frac{4}{5}x$

C. $y=\frac{3}{125}x^3-x$　　　　D. $y=-\frac{3}{125}x^3+\frac{1}{5}x$

【解析】　本题给定的三次函数模型具有特殊性质，必须先找出这几个性质后才能求解. 本题考查了考生对三次函数图象、性质的理解程度和灵活运用能力. 由题意可知，三次函数图象过点(0,0)，(5,−2)，而且此三次函数为奇函数，在 $x=5$ 和 −5 处的导数为零. 根据以上几个条件分别验证各选项，可知应该选 A.

例 4(2020 · 江苏卷第 17 题)　某地准备在山谷中建一座桥梁，桥址位置的竖直截面图如图所示：谷底 O 在水平线 MN 上，桥 AB 与 MN 平行，OO'为铅垂线(O'在 AB 上). 经测量，左侧曲线 AO 上任一点 D 到 MN 的距离 h_1(m)与 D 到 OO'的距离 a(m)之间满足关系 $h_1=\frac{1}{40}a^2$；右侧曲线 BO 上任一点 F 到 MN 的距离 h_2(m)与 F 到 OO'的距离 b(m)之间满足关系式 $h_2=-\frac{1}{800}b^3+6b$. 已知点 B 到 OO'的距离为 40 m.

(1) 求桥 AB 的长度.

(2) 计划在谷底两侧建造平行于 OO'的桥墩 CD 和 EF，且 CE 为 80 m，其中 C，E 在 AB 上(不包括端点). 桥墩 EF 每米造价为 k(万元)，桥墩 CD 每米造价为 $\frac{3}{2}k$(万元)($k>0$). 问 $O'E$ 为多少米时，桥墩 CD 与 EF 的总造价最低?

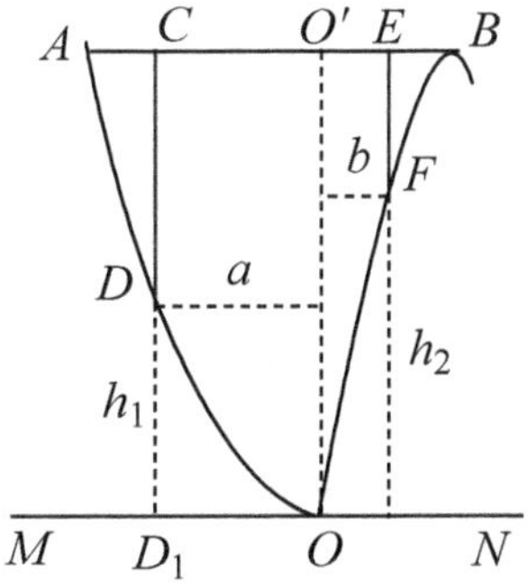

例 4 图

【解析】　(1) 由题意得 $\frac{1}{40}|O'A|^2=-\frac{1}{800}\times 40^3+6\times 40$，得 $|O'A|=80$.

所以 $|AB|=|O'A|+|O'B|=80+40=120$ (m).

(2) 设总造价为 $f(x)$万元，$|O'O|=\frac{1}{40}\times 80^2=160$. 设 $|O'E|=x$，

$f(x)=k\left(160+\frac{1}{800}x^3-6x\right)+\frac{3}{2}k\left[160-\frac{1}{40}(80-x)^2\right](0<x<40)$，

所以 $f(x)=k\left(160+\frac{1}{800}x^3-\frac{3}{80}x^2\right)$.

令 $f'(x)=k\left(\frac{3}{800}x^2-\frac{6}{80}x\right)=0$，得 $x=20$($x=0$ 舍去).

当 $0<x<20$ 时，$f'(x)<0$；当 $20<x<40$ 时，$f'(x)>0$.

因此，当 $x=20$ 时，$f(x)$取得最小值.

所以，当 $O'E=20$ m 时，桥墩 CD 与 EF 的总造价最低.

【方法归纳】 三次函数模型也是高考考查的重点，有时需从函数图象的角度考查，有时需结合题意，构造出三次函数模型，再求最值. 求最值问题，往往都要结合导数，先判断单调性，再利用函数单调性求最值. 考生往往容易忽略函数的实际意义，导致函数的定义域写错，进而得出错误结果.

三、$y=ax+\dfrac{b}{x}$ 函数模型

$y=ax+\dfrac{b}{x}$类型的函数也叫“对号”函数. 因为这类函数比较特殊，涉及的知识点比较多，所以高考命题专家对这类函数“情有独钟”，常考常新. 解决此类问题，一般都要根据所给题目的背景，列出函数关系式 $y=ax+\dfrac{b}{x}(ab\neq 0)$，进而根据基本不等式求最值. 比如2014 年福建卷文科第 9 题（也是 2014 年福建卷理科第 13 题）、2017 年江苏卷第 10 题.

例 5[2014・福建卷(文)第 9 题] 要制作一个容积为 4 m^3、高为 1 m 的无盖长方体容器，已知该容器的底面造价是每平方米 20 元，侧面造价是每平方米 10 元，则该容器的最低总造价是 ( )

A. 80 元 B. 120 元 C. 160 元 D. 240 元

【解析】 本题的思路是由题意设定变量，列出函数关系，求函数的最值. 设容器的底面一边长为 x，则另一边长为$\dfrac{4}{x}$. 设总造价为 y，则 $y=20\times 4+2\left(x+\dfrac{4}{x}\right)\times 10=80+20\left(x+\dfrac{4}{x}\right)\geqslant 80+20\times 2\sqrt{4}=160$. 由题意可求得 x 的取值范围为$(0,+\infty)$，不等式中等号可以取到. 因此答案为 C.

例 6(2017·江苏卷第 10 题) 某公司一年购买某种货物 600 吨,每次购买 x 吨,运费为 6 万元/次,一年的总存储费用为 $4x$ 万元.要使一年的总运费与总存储费用之和最小,则 x 的值是________.

【解析】 设一年的总运费与总存储费用之和为 y,则

$$y=4x+\frac{600}{x}\times 6=4\left(x+\frac{900}{x}\right)\geqslant 4\times 2\sqrt{900}=240,$$

当且仅当 $x=\frac{900}{x}$,即 $x=30$ 时等号成立.

四、函数图象问题

函数图象问题几乎每年都考,考查方式灵活.有的是给出一个具体函数,让考生挖掘函数的性质,然后画出相应的图象;也有的是给出函数图象,通过识图求出函数.这两类题目都是考查学生的识图、读图能力.有时也会考查函数图象变换问题,这一类问题主要以三角函数为主.还有一类是图象与应用背景相结合的问题,虽然不多,但也会涉及,这类题目往往需要考生结合实际背景来理解函数的变化.比如 2013 年湖北卷文科第 5 题、2020 年北京卷第 15 题.

例 7[2013·湖北卷(文)第 5 题] 小明骑车上学,开始时匀速行驶,途中因交通堵塞停留了一段时间,随后为了赶时间加快速度行驶.与以上描述吻合得最好的图象是 ( )

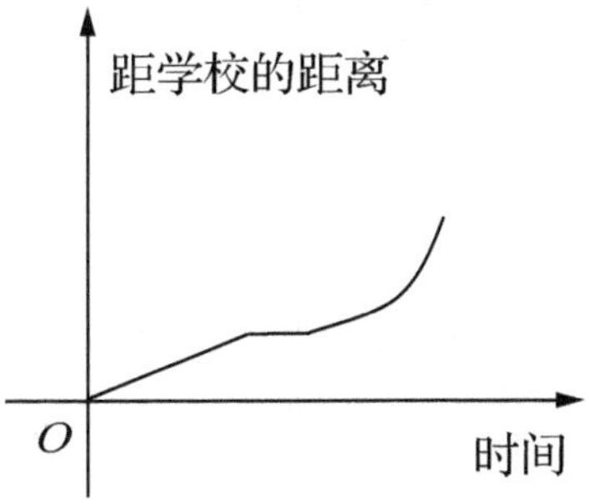

A.

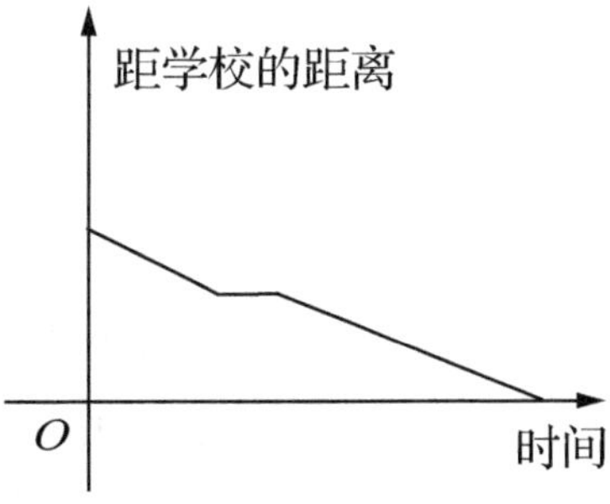

B.

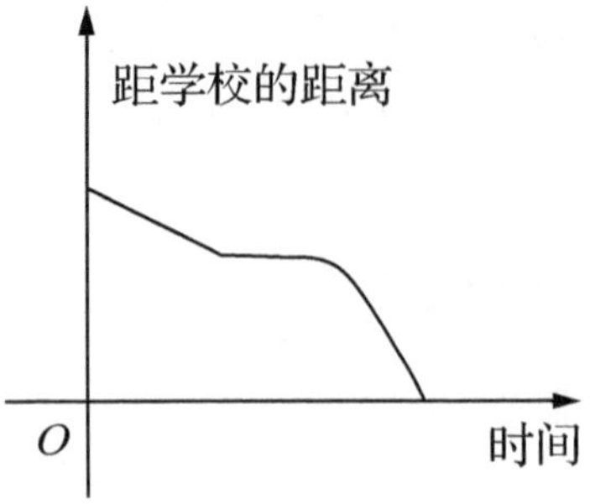

C.

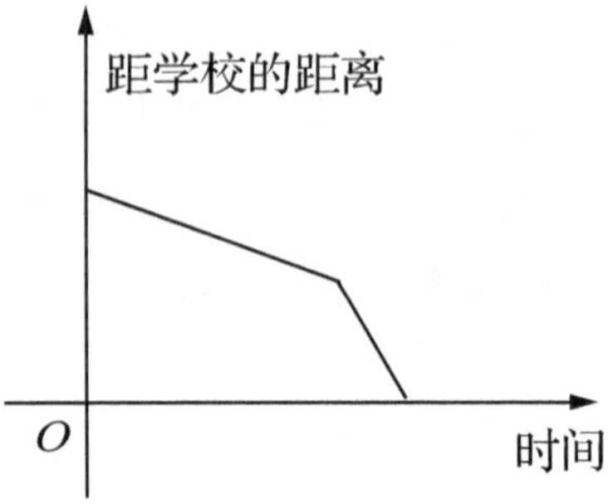

D.

【解析】 本题考查函数的应用以及函数图象的识别.开始时匀速行驶,对应的图象为直线,函数的图象递减.途中因交通堵塞停留了一段时间,此时到学校的距离为常数.随后为了赶时间加快速度行驶,曲线应该是减得更快了.综上所述,选C.

例8(2020·北京卷第15题) 为满足人民对美好生活的向往,环保部门要求相关企业加强污水治理,排放污水未达标的企业要限期整改.设企业的污水排放量 W 与时间 t 的关系为 $W=f(t)$,用 $-\dfrac{f(b)-f(a)}{b-a}$ 的大小评价在 $[a,b]$ 这段时间内企业污水治理能力的强弱.已知整改期内,甲、乙两企业的污水排放量与时间的关系如下图所示.

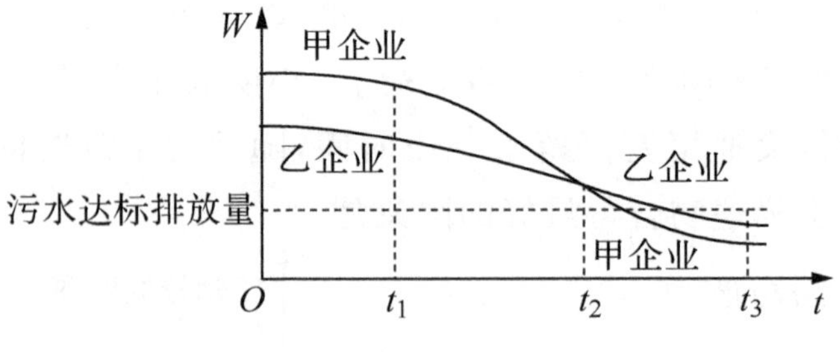

例8图

给出下列四个结论:

① 在 $[t_1,t_2]$ 这段时间内,甲企业的污水治理能力比乙企业强;

② 在 t_2 时刻,甲企业的污水治理能力比乙企业强;

③ 在 t_3 时刻,甲、乙两企业的污水排放都已达标;

④ 甲企业在$[0,t_1]$,$[t_1,t_2]$,$[t_2,t_3]$这三段时间中,在$[0,t_1]$这段时间的污水治理能力最强.

其中所有正确结论的序号是________.

【解析】 本题考查斜率应用、函数图象应用,考查基本分析和识别能力,属中档题. $-\dfrac{f(b)-f(a)}{b-a}$表示区间端点连线斜率的负数.

在$[t_1,t_2]$这段时间内,甲的斜率比乙的小,所以甲的斜率的相反数比乙的大,因此甲企业的污水治理能力比乙企业强,故①正确.

在$[0,t_1]$,$[t_1,t_2]$,$[t_2,t_3]$这三段时间中,甲企业在$[t_1,t_2]$这段时间内,相应曲线的斜率最小,其相反数最大,即在$[t_1,t_2]$内甲企业的污水治理能力最强,故④错误.

在t_2时刻,甲切线的斜率比乙的小,所以甲切线的斜率的相反数比乙的大,甲企业的污水治理能力比乙企业强,故②正确.

在t_3时刻,甲、乙两企业的污水排放量都在污水达标排放量以下,所以都已达标,故③正确. 所以正确的结论为①②③.

函数应用题的考查,在全国各地高考题中时有出现,以考查常见的二次函数、三次函数、"对号"函数为主. 解决函数应用题的方法是建立函数模型,借助不等式或导数求最值. 这类问题主要考查数学抽象、数学建模、逻辑推理等核心素养.

高考零点问题

由于方程 $f(x)=0$ 有实根$\Leftrightarrow$函数 $y=f(x)$的图象与 x 轴有交点$\Leftrightarrow$函数 $y=f(x)$有零点，所以函数的零点把函数和方程紧密地联系在一起. 在研究方程根的有关问题(如根的个数、根所在大致区间等)时，可以结合函数与方程的数学思想，将方程问题与函数问题进行互化，借助函数的零点来求解. 在解决与零点有关的问题时，需把握以下三个策略.

一、函数零点存在性定理是基础

例 1 [2014·北京卷(文)第 6 题]　已知函数 $f(x)=\frac{6}{x}-\log_2 x$，在下列区间中，包含 $f(x)$的零点的区间是　(　　)

A. $(0,1)$　　B. $(1,2)$　　C. $(2,4)$　　D. $(4,+\infty)$

【分析】　零点存在性定理：如果函数 $f(x)$在区间$[a,b]$上连续，且满足 $f(a)f(b)<0$，那么函数 $f(x)$在区间(a,b)内至少有一个零点. 通过求 $f(x)$在各个区间端点处的函数值的符号来确定 $f(x)$是否存在零点.

【解析】　由题意可知 $f(1)=6-0=6>0$，$f(2)=3-1=2>0$，$f(4)=\frac{3}{2}-2=-\frac{1}{2}<0$. 由零点存在性定理可知，函数 $f(x)$在$(2,4)$内必存在零点. 又函数 $f(x)$在$(0,+\infty)$内为减函数，因此在其他区

间不存在零点.

【方法归纳】 当函数的图象通过零点且穿过 x 轴时，函数值变号（这样的零点称为变号零点）. 结合图象容易得到这样的事实：如果函数 $y=f(x)$ 在区间 $[a,b]$ 上的图象是一条连续不断的曲线，并且有 $f(a)f(b)<0$，那么函数 $y=f(x)$ 在区间 (a,b) 内有零点. 常将这个事实称为“函数零点存在性定理”. 在利用此定理时也常常结合函数的性质（比如函数的总体趋向、单调性等）进行求解.

例 2（高中数学教材必修第一册习题 4.5 第 13 题） 对于问题“若函数 $f(x)=24ax^2+4x-1$ 在区间 $(-1,1)$ 内恰有一个零点，求实数 a 的取值范围”，某同学给出了如下解答：由 $f(-1)f(1)=(24a-5)(24a+3)<0$，解得 $-\frac{1}{8}<a<\frac{5}{24}$，所以，实数 a 的取值范围是 $\left(-\frac{1}{8},\frac{5}{24}\right)$. 上述解答正确吗？若不正确，请说明理由，并给出正确的解答.

【分析】 本题是一道辨析式习题. 就提问的方式来看，如果正确，无需任何说明；如果不正确，需要说明理由且给出正确的解答. 因此，不正确的可能性非常大. 试想，如果正确，回答就只有两个字“正确”，岂不失去了培养学生分析问题、解决问题能力的机会？

下面是解题教学过程.

教师：通过题目给出的解答过程，能联想到这位同学用了什么知识？

学生：用了函数零点存在性定理. 由 $f(-1)f(1)<0$ 联想到 $f(a)f(b)<0$，因此知道用的是什么知识.

教师：谁能说一下函数零点存在性定理？

学生：对于函数 $y=f(x)$，如果 $f(a)f(b)<0$，那么函数 $y=f(x)$ 在区间 (a,b) 内有一个零点.

学生（上一个学生刚说完，这个学生就猛地站起来）：他说得不对，函数的图象应该连续不断才行，如函数 $f(x)=\frac{1}{x}$，虽然有 $f(-1)f(1)<0$，但函数 $f(x)=\frac{1}{x}$ 在区间 $(-1,1)$ 内没有零点. 事实

上，函数 $f(x)=\frac{1}{x}$ 的图象与 x 轴没有公共点.

学生（又一个学生补充说明）：还有错误，结论应该是函数 $y=f(x)$ 在区间 (a,b) 内至少有一个零点，也就是说函数 $y=f(x)$ 的图象与 x 轴在区间 (a,b) 内的公共点可能不止一个.

教师：这两位同学补充得非常好！谁能完整地表述一下函数零点存在性定理？

学生：如果函数 $y=f(x)$ 在区间 $[a,b]$ 上的图象是一条连续不断的曲线，且有 $f(a)f(b)<0$，那么函数 $y=f(x)$ 在区间 (a,b) 内至少有一个零点，即存在 $c\in(a,b)$，使得 $f(c)=0$，这个 c 也就是方程 $f(x)=0$ 的解.

教师：很好！如果函数 $y=f(x)$ 在区间 (a,b) 内至少有一个零点，是不是一定有 $f(a)f(b)<0$？为什么？

学生：不一定！当函数 $y=f(x)$ 在区间 (a,b) 内的图象与 x 轴相切时，切点的横坐标就是函数的零点，但切点两侧的函数值是同号的，即 $f(a)f(b)>0$，如图 1 所示.

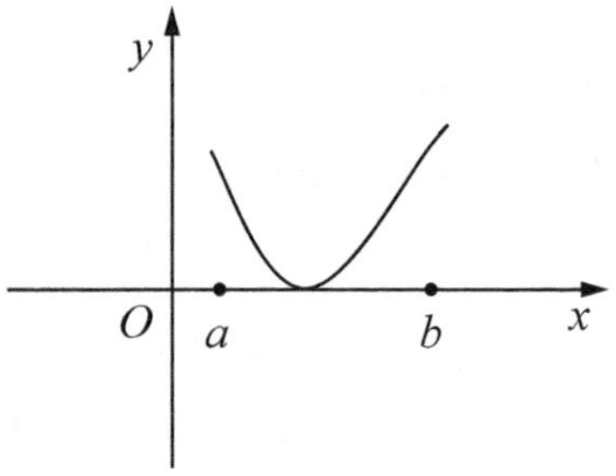

例 2 图 1

教师：非常棒！也就是说，在函数图象连续不断的前提下，$f(a)f(b)<0$ 是函数 $y=f(x)$ 在区间 (a,b) 内至少有一个零点的什么条件？

学生齐声回答：充分不必要条件.

教师：由此看来，函数零点存在性定理只能判断函数的图象"穿过"x 轴所得到的相应的零点，也就是变号零点. 由给出的解答我们联想到其运用的理论依据——函数零点存在性定理，对定理中"连续不断""至少"以及充分性的分析，体现了数学思维的严谨性.

教师继续提问：这个同学的解答正确吗？为什么？

学生：不正确. 一方面，由 $f(-f)f(1)<0$ 只能得到函数 $f(x)$

在区间$(-1,1)$内至少有一个零点,并不一定只有一个;另一方面,函数零点存在性定理只适用于变号零点的判定.

教师:不再看给出的解答,回到题目条件,关键词有函数、区间、恰有一个零点,从哪里入手?

学生:函数.因为这是一个二次函数,初中就学过.

学生(上一个学生没说完,另一个学生就迫不及待地站起来):不一定是二次函数.形式上是二次函数,但当$a=0$时,实际上是一次函数.

教师:考虑问题非常细致、严谨!先看$a=0$时,函数$f(x)$在区间$(-1,1)$内是否恰有一个零点?

学生:当$a=0$时,函数变为$f(x)=4x-1$,其零点也就是相应方程的解,即$4x-1=0$,$x=\frac{1}{4}\in(-1,1)$,所以$a=0$满足题意.

教师:很好!接下来分析$a\neq0$的情况.此时,函数是一个二次函数,如何考虑二次函数的零点问题?

学生:看二次函数的图象与x轴的公共点个数,可能无公共点,可能只有一个公共点,也可能有两个公共点.

教师:无公共点,怎么解释?

学生:无公共点就说明没有零点,与题意不符.

教师:一个公共点呢?

学生:由判别式$\Delta=0$解得a的值,再代回原式,得到一个明确的函数,求出相应方程的解(也就是函数的零点),看看是否在区间$(-1,1)$内.若在,此时的a就满足题意;若不在,说明此时的a不满足题意.

教师:分析得非常透彻!接下来,对两个公共点该如何分析?

学生:两个公共点,当然就是两个零点,不符合题意.

另一个学生:不对!你忘记了区间,如果这两个公共点只有一个在区间$(-1,1)$内,也是满足题意的.如图2,此时所得零点是变号零点,可用函数零点存在性定理得$f(-1)f(1)<0$,由此解得a的取

值范围.

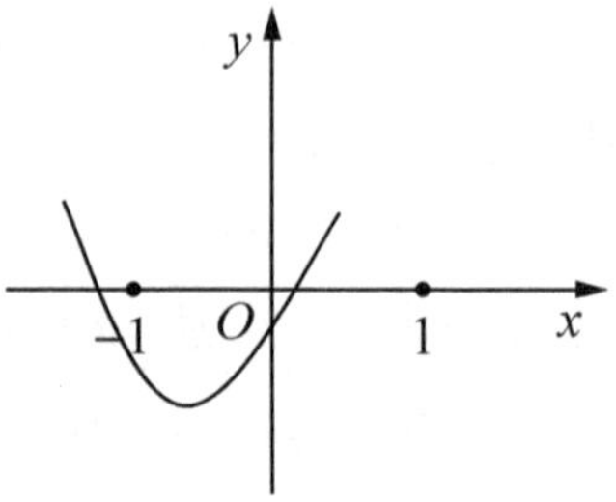

例 2 图 2

教师：由 $f(-1)f(1)<0$ 能够说明函数在区间 $(-1,1)$ 内至少有一个零点，而题意是“恰有一个零点”，怎么解释？

顿时，课堂上鸦雀无声. 过了一段时间，有个学生站起来.

学生：二次函数的图象与 x 轴的公共点个数最多就是两个，通过数形结合可以帮助理解. 当 $f(-1)f(1)<0$ 时，只能得到在区间 $(-1,1)$ 内恰有一个零点，不可能有两个. 若有两个，就会得到 $f(-1)f(1)>0$.

教师：解释得非常到位！这就是具体问题具体对待.（教师话锋一转）我们解完了吗？小组讨论一下.

学生：我们小组在画图的时候，画出了如图 3 所示的两种情况.（考虑了开口方向、对称轴与区间的关系）当 $a>0$ 时，对称轴 $x=-\frac{1}{6a}<0$，二次函数的图象与 x 轴的一个交点是 $(-1,0)$，另一个交点在区间 $(-1,1)$ 内，所以有 $f(-1)=0$ 且 $f(1)>0$，解得 a 即可. 当 $a<0$ 时，同样分析.

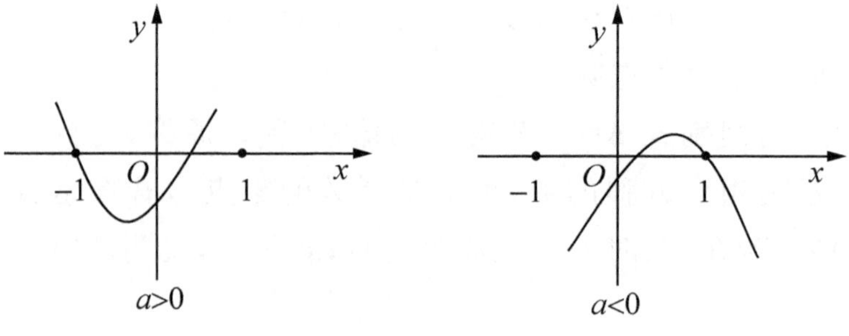

例 2 图 3

学生：不对！如果这样画图，如图 4 所示也满足你写的式子，但是在区间 $(-1,1)$ 内没有交点.

学生们齐声说：是呀！

教师：在 $a>0$ 的情况下，到底怎么列式子呢？

学生：只要再加上对称轴 $x=-\frac{1}{6a}\in(-1,0)$就可以了.

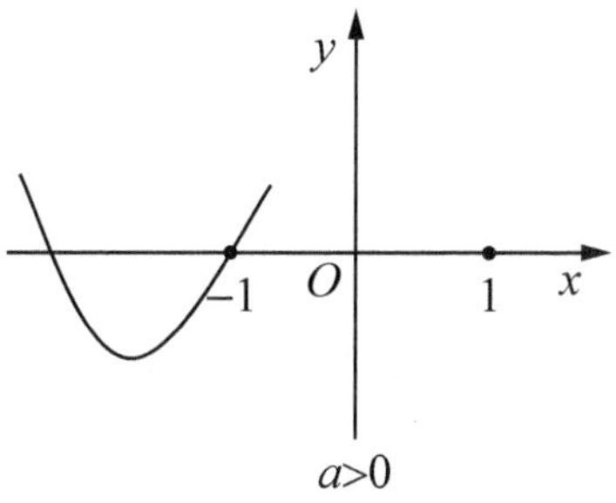

例 2 图 4

学生（迫不及待地）：分情况做，太烦琐！无论 $a>0$ 还是 $a<0$，都是函数图象经过区间的一个端点，而函数图象与 x 轴的另一个交点在区间$(-1,1)$内. 比如，函数图象经过$(-1,0)$，将此点坐标代入函数方程得 $24a-4-1=0$，解得 $a=\frac{5}{24}$. 再将 $a=\frac{5}{24}$代回原函数方程可得 $f(x)=5x^2+4x-1$，求出方程 $5x^2+4x-1=0$ 的解为 $x=-1$ 或$x=\frac{1}{5}$，显然$x=-1\notin(-1,1)$，而 $x=\frac{1}{5}\in(-1,1)$，所以 $a=\frac{5}{24}$满足题意. 当函数图象经过点$(1,0)$同样可以得解.（学生鼓掌）

教师：很棒，这样做确实非常简单！谁能将我们分析的过程板书到黑板上？

学生（板书）：

(1) 当 $a=0$ 时，由 $f(x)=4x-1=0$，得 $x=\frac{1}{4}\in(-1,1)$，故 $a=0$ 满足题意.

(2) 当 $a\neq0$ 时，由 $\Delta=4^2+4\times24a=0$，解得 $a=-\frac{1}{6}$，代回原式，得 $f(x)=-4x^2+4x-1$. 由 $f(x)=0$ 得$x=\frac{1}{2}\in(-1,1)$，故 $a=-\frac{1}{6}$满足题意.

(3) 当 $a\neq0$ 时，由 $f(-1)f(1)=(24a-5)(24a+3)<0$，解得 $-\frac{1}{8}<a<\frac{5}{24}$，且 $a\neq0$.

(4) 当$a\neq 0$时,由$f(-1)=0$得$a=\frac{5}{24}$,所以$f(x)=5x^2+4x-1=0$,解得$x=-1$或$x=\frac{1}{5}$,显然$x=-1\notin(-1,1)$,而$x=\frac{1}{5}\in(-1,1)$,所以$a=\frac{5}{24}$满足题意.由$f(1)=0$得$a=-\frac{1}{8}$,所以$f(x)=-3x^2+4x-1=0$,解得$x=1$或$x=\frac{1}{3}$,显然$x=1\notin(-1,1)$,而$x=\frac{1}{3}\in(-1,1)$,所以$a=-\frac{1}{8}$满足题意.

综上所述,a的取值范围是$\left[-\frac{1}{8},\frac{5}{24}\right]\cup\left\{-\frac{1}{6}\right\}$.

教师总结:解决函数零点问题,一定要仔细分析题目条件,注意解题过程的严谨性,并结合函数图象,这样就不容易出现上述题目中的错误.

二、数形结合思想是保障

例3[2018·全国卷Ⅰ(理)第9题] 已知函数$f(x)=\begin{cases}e^x, & x\leqslant 0,\\ \ln x, & x>0,\end{cases}$若$g(x)=f(x)+x+a$存在2个零点,则$a$的取值范围是 ( )

A. $[-1,0)$ B. $[0,+\infty)$

C. $[-1,+\infty)$ D. $[1,+\infty)$

【分析】 结合函数与方程的数学思想,将函数$g(x)=f(x)+x+a$的零点问题转化为函数$y=f(x)$与$y=-x-a$的图象交点问题.因此,可用数形结合的数学思想,借助两函数图象的交点情况来讨论实数a的取值范围,问题将变得清晰明了.

【解析】 方程$g(x)=f(x)+x+a$有2个零点,等价于方程

$f(x)=-x-a$ 有 2 个实根，即函数 $y=f(x)$ 的图象与直线 $y=-x-a$ 的图象有 2 个交点. 如图，从图象可知，必须使得直线 $y=-x-a$ 位于直线 $y=-x+1$ 的下方，所以 $-a\leqslant 1$，即 $a\geqslant -1$. 故选 C.

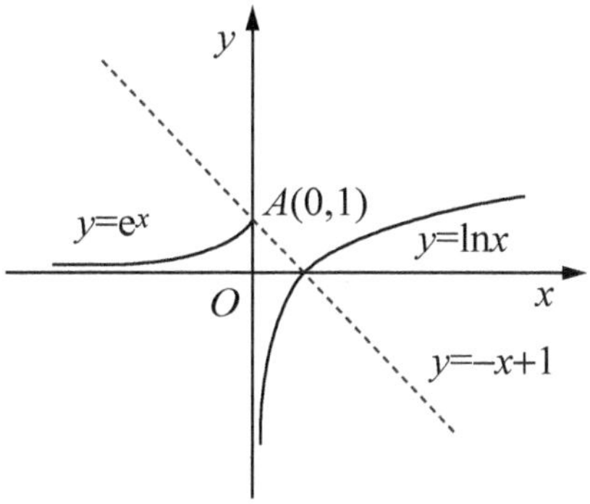

例 3 解析图

【方法归纳】 (1) 求解函数 $y=f(x)-g(x)$ 在相应定义域内的零点问题时，如果直接计算无从下手或者很麻烦，可通过函数与方程的关系，将问题转化为研究函数 $y=f(x)$ 和 $y=g(x)$ 图象的交点问题，可能会有意想不到的效果. 正如数学家华罗庚所说："数缺形时少直观，形少数时难入微，数形结合百般好，隔离分家万事休." (2) 研究函数零点个数问题时常常利用数形结合的思想，但应注意作图的准确性，并进行一些必要的计算和推理.

例 4(2020 · 天津卷第 9 题)　已知函数 $f(x)=\begin{cases} x^3, & x\geqslant 0, \\ -x, & x<0, \end{cases}$ 若函数 $g(x)=f(x)-|kx^2-2x|$ $(k\in\mathbf{R})$ 恰有 4 个零点，则 k 的取值范围是　　(　　)

A. $\left(-\infty,-\frac{1}{2}\right)\cup(2\sqrt{2},+\infty)$

B. $\left(-\infty,-\frac{1}{2}\right)\cup(0,2\sqrt{2})$

C. $(-\infty,0)\cup(0,2\sqrt{2})$

D. $(-\infty,0)\cup(2\sqrt{2},+\infty)$

【解析】　注意到 $g(0)=0$，所以要使 $g(x)$ 恰有 4 个零点，只需

方程 $|kx-2|=\dfrac{f(x)}{|x|}$ 恰有 3 个实根即可.

令 $h(x)=\dfrac{f(x)}{|x|}$，即 $y=|kx-2|$ 与 $h(x)=\dfrac{f(x)}{|x|}$ 的图象有 3 个不同的交点.

$$h(x)=\frac{f(x)}{|x|}=\begin{cases}x^2, & x>0,\\ 1, & x<0.\end{cases}$$

当 $k=0$ 时，$y=2$，如图 1，$y=2$ 与 $h(x)=\dfrac{f(x)}{|x|}$ 有 1 个交点，不满足题意；

当 $k<0$ 时，如图 2，$y=|kx-2|$ 与 $h(x)=\dfrac{f(x)}{|x|}$ 恒有 3 个不同的交点，满足题意；

当 $k>0$ 时，如图 3，当 $y=kx-2$ 与 $y=x^2$ 相切时，联立方程得 $x^2-kx+2=0$，令 $\Delta=0$ 得 $k^2-8=0$，解得 $k=2\sqrt{2}$（负值舍去），所以 $k>2\sqrt{2}$ 时，$y=|kx-2|$ 与 $h(x)=\dfrac{f(x)}{|x|}$ 有 3 个不同的交点.

综上所述，k 的取值范围为 $(-\infty,0)\cup(2\sqrt{2},+\infty)$.

故选 D.

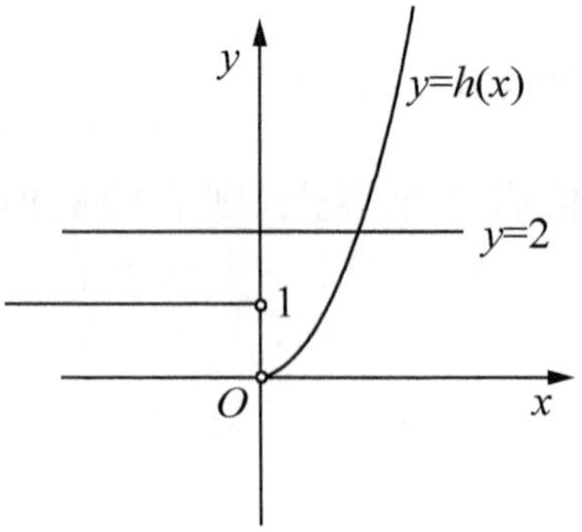

图 1

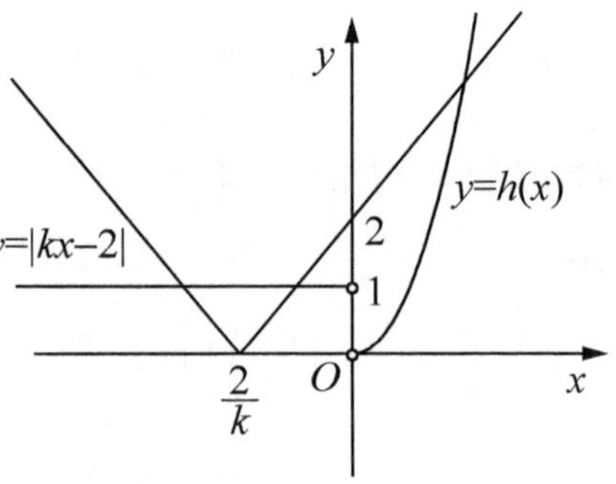

图 2

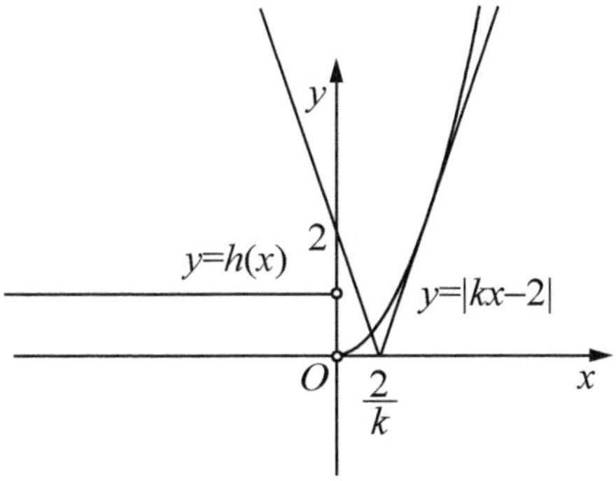

图 3

例 4 解析图

三、导数等工具提供支撑

例 5[2020·全国卷Ⅲ(理)第 21 题]　设函数 $f(x)=x^3+bx+c$，曲线 $y=f(x)$ 在点 $\left(\frac{1}{2},f\left(\frac{1}{2}\right)\right)$ 处的切线与 y 轴垂直.

(1) 求 b.

(2) 若 $f(x)$ 有一个绝对值不大于 1 的零点，证明：$f(x)$ 的所有零点的绝对值都不大于 1.

【分析】　本题是应用导数研究函数的零点问题，可根据题意画出 $f(x)$ 的大致图象，利用图象探寻所满足的条件. 画出此类函数的图象显然要借助导数，利用导数研究其单调性、极值等性质.

【解析】　(1) 因为 $f'(x)=3x^2+b$，由题意知 $f'\left(\frac{1}{2}\right)=0$，即 $3\times\left(\frac{1}{2}\right)^2+b=0$，解得 $b=-\frac{3}{4}$.

(2) 由(1)可得

$f(x)=x^3-\frac{3}{4}x+c$，

$f'(x)=3x^2-\frac{3}{4}=3\left(x+\frac{1}{2}\right)\left(x-\frac{1}{2}\right)$.

令 $f'(x)>0$，得 $x>\frac{1}{2}$ 或 $x<-\frac{1}{2}$.

令 $f'(x)<0$，得 $-\frac{1}{2}<x<\frac{1}{2}$.

所以 $f(x)$ 在 $\left(-\frac{1}{2},\frac{1}{2}\right)$ 内单调递减，在 $\left(-\infty,-\frac{1}{2}\right)$ 和 $\left(\frac{1}{2},+\infty\right)$ 内单调递增，且 $f(-1)=c-\frac{1}{4}$，$f\left(-\frac{1}{2}\right)=c+\frac{1}{4}$，$f\left(\frac{1}{2}\right)=c-\frac{1}{4}$，$f(1)=c+\frac{1}{4}$.

假设 $f(x)$ 的所有零点中存在一个绝对值大于 1 的零点 x_0，则 $f(-1)>0$ 或 $f(1)<0$，即 $c>\frac{1}{4}$ 或 $c<-\frac{1}{4}$.

当 $c>\frac{1}{4}$ 时，$f(-1)=c-\frac{1}{4}>0$，$f\left(-\frac{1}{2}\right)=c+\frac{1}{4}>0$，$f\left(\frac{1}{2}\right)=c-\frac{1}{4}>0$，$f(1)=c+\frac{1}{4}>0$. 又 $f(-4c)=-64c^3+3c+c=4c(1-16c^2)<0$，由零点存在性定理知 $f(x)$ 在 $(-4c,-1)$ 内存在唯一零点 x_0，即 $f(x)$ 在 $(-\infty,-1)$ 内存在唯一零点，在 $(-1,+\infty)$ 内不存在零点，此时 $f(x)$ 不存在绝对值不大于 1 的零点，与题设矛盾.

当 $c<-\frac{1}{4}$ 时，$f(-1)=c-\frac{1}{4}<0$，$f\left(-\frac{1}{2}\right)=c+\frac{1}{4}<0$，$f\left(\frac{1}{2}\right)=c-\frac{1}{4}<0$，$f(1)=c+\frac{1}{4}<0$. 又 $f(-4c)=-64c^3+3c+c=4c(1-16c^2)>0$，由零点存在性定理知 $f(x)$ 在 $(1,-4c)$ 内存在唯一零点 x_0'，即 $f(x)$ 在 $(1,+\infty)$ 内存在唯一零点，在 $(-\infty,1)$ 内不存在零点，此时 $f(x)$ 不存在绝对值不大于 1 的零点，与题设矛盾.

综上所述，$f(x)$ 的所有零点的绝对值都不大于 1.

【方法归纳】 (1) 本题讨论的是三次多项式函数的零点情况，其基本思路就是先画出函数的大致图象，然后结合图象和零点的特征找到参数应满足的条件. 应注意无法借助基本初等函数画出图象的函数,在画图时要发挥导数的工具作用.

(2) 三次多项式函数的图象一般为类似于  或  的“双峰”形状,通常可通过研究两个极值点处函数值符号的关系来确定零点的个数.

例 6[2018 · 全国卷Ⅱ(文)第 21 题] 证明:函数 $f(x)=\frac{1}{3}x^3-a(x^2+x+1)$只有一个零点.

【分析】 如果结合三次函数图象,解决本题的正常思路应该是证明函数的极小值大于 0,或者极大值小于 0,但是极值并不容易求. 因此可以考虑转化为新函数 $g(x)=\frac{x^3}{3(x^2+x+1)}$只有一个零点的问题来解决.

【解析】 因为 $x^2+x+1=\left(x+\frac{1}{2}\right)^2+\frac{3}{4}>0$,所以 $f(x)=0$ 等价于$\frac{x^3}{3(x^2+x+1)}-a=0$.

令 $g(x)=\frac{x^3}{3(x^2+x+1)}-a$,则 $g'(x)=\frac{x^2[(x+1)^2+2]}{3(x^2+x+1)^2}\geqslant 0$,仅当 $x=0$ 时,$g'(x)=0$,所以 $g(x)$在 $\mathbf{R}$ 上是增函数.

故 $g(x)$至多有一个零点,从而 $f(x)$至多有一个零点.

又因为

$$f(3a-1)=-6a^2+2a-\frac{1}{3}=-6\left(a-\frac{1}{6}\right)^2-\frac{1}{6}<0,$$

$$f(3a+1)=\frac{1}{3}>0,$$

故 $f(x)$有一个零点.

综上所述,$f(x)$只有一个零点.

高考离散型随机变量试题

在近几年的高考中，概率与随机变量分布列问题考查的知识都比较基本，难度不大，多属于中档题. 这部分内容主要围绕以下重要概念考查：随机事件、互斥事件、对立事件、相互独立事件、独立重复事件、古典概型、几何概型、随机变量的分布列、期望、方差、超几何分布、二项分布、正态分布. 另外，可能还会涉及频率分布表的补充、频率分布直方图的作图和读图、从图表中获取数据信息. 下面以部分高考题为例，重点分析相互独立事件、独立重复事件和超几何分布的概率问题.

一、相互独立事件的概率与分布列

例 1[2020 · 全国卷Ⅰ(理)第 19 题]　甲、乙、丙三位同学进行羽毛球比赛，约定赛制如下：累计负两场者被淘汰；比赛前抽签决定首先比赛的两人，另一人轮空；每场比赛的胜者与轮空者进行下一场比赛，负者下一场轮空，直至有一人被淘汰；当一人被淘汰后，剩余的两人继续比赛，直至其中一人被淘汰，另一人最终获胜，比赛结束. 经抽签，甲、乙首先比赛，丙轮空. 设每场比赛双方获胜的概率都为$\frac{1}{2}$. 求：

(1) 甲连胜四场的概率；

(2) 需要进行第五场比赛的概率；

(3) 丙最终获胜的概率.

【分析】 很明显，本题考查的是独立事件的概率问题.（1）根据独立事件的概率乘法公式可求得事件“甲连胜四场”的概率；（2）先计算出四局以内结束比赛的概率，然后利用对立事件的概率公式可求得需要进行第五场比赛的概率；（3）列举出甲赢的基本事件，结合独立事件的概率乘法公式计算出甲赢的概率，由对称性可知乙赢的概率和甲赢的概率相等，再利用对立事件的概率可求得丙赢的概率.

【解析】（1）记事件 M 为“甲连胜四场”，则 $P(M)=\left(\frac{1}{2}\right)^4=\frac{1}{16}$.

（2）记事件 A 为“甲输”，事件 B 为“乙输”，事件 C 为“丙输”，则四局内结束比赛的概率为

$$P'=P(ABAB)+P(ACAC)+P(BCBC)+P(BABA)$$
$$=4\times\left(\frac{1}{2}\right)^4=\frac{1}{4}.$$

所以需要进行第五场比赛的概率为 $P=1-P'=\frac{3}{4}$.

（3）记事件 A 为“甲输”，事件 B 为“乙输”，事件 C 为“丙输”，事件 M 为“甲赢”，事件 N 为“丙赢”，则甲赢的基本事件包括：$BCBC$，$ABCBC$，$ACBCB$，$BABCC$，$BACBC$，$BCACB$，$BCABC$，$BCBAC$.

所以甲赢的概率为 $P(M)=\left(\frac{1}{2}\right)^4+7\times\left(\frac{1}{2}\right)^5=\frac{9}{32}$.

由对称性可知，乙赢的概率和甲赢的概率相等.

所以丙赢的概率为 $P(N)=1-2\times\frac{9}{32}=\frac{7}{16}$.

例 2（2021 · 新高考全国卷Ⅰ第 18 题） 某学校组织知识竞赛，有 A，B 两类问题，每位参加比赛的同学先在两类问题中选择一类并从中随机抽取一个问题回答. 若回答错误，则该同学比赛结束；若回答正确，则从另一类问题中再随机抽取一个问题回答，无论回答正确与否，该同学比赛结束. A 类问题中的每个问题回答正确得 20 分，否则得 0 分；B 类问题中的每个问题回答正确得 80 分，否则得 0 分. 已知小明能正确回答 A 类问题的概率为 0.8，能正确回答 B 类问题

的概率为 0.6，且能正确回答问题的概率与回答次序无关.

(1) 若小明先回答 A 类问题，记 X 为小明的累计得分，求 X 的分布列.

(2) 为使累计得分的期望最大，小明应选择先回答哪类问题？请说明理由.

【解析】 (1) 由题意可知，X 的所有可能取值为 0，20，100.

$P(X=0)=1-0.8=0.2$，

$P(X=20)=0.8(1-0.6)=0.32$，

$P(X=100)=0.8\times0.6=0.48$.

所以 X 的分布列为

X	0	20	100
P	0.2	0.32	0.48

(2) 由(1)知 $E(X)=0\times0.2+20\times0.32+100\times0.48=54.4$.

若小明先回答 B 类问题，记 Y 为小明的累计得分，则 Y 的所有可能取值为 0，80，100.

$P(Y=0)=1-0.6=0.4$，

$P(Y=80)=0.6(1-0.8)=0.12$，

$P(Y=100)=0.8\times0.6=0.48$.

所以 $E(Y)=0\times0.4+80\times0.12+100\times0.48=57.6$.

因为 $54.4<57.6$，所以小明应选择先回答 B 类问题.

例 3[2022·全国甲卷(理)第 19 题] 甲、乙两个学校进行体育比赛，比赛共设三个项目，每个项目胜方得 10 分，负方得 0 分，没有平局. 三个项目比赛结束后，总得分高的学校获得冠军. 已知甲学校在三个项目中获胜的概率分别为 0.5，0.4，0.8，各项目的比赛结果相互独立.

(1) 求甲学校获得冠军的概率；

(2) 用 X 表示乙学校的总得分，求 X 的分布列与期望.

【分析】 (1) 设甲学校在三个项目中获胜的事件依次为 A，B，

C,由题意知甲学校至少要在两个项目中获胜才能获得冠军,利用互斥事件的概率加法公式及相互独立事件的乘法公式即可求得.

(2) 依题意可知,X 的可能取值为 0,10,20,30,分别计算出对应的概率,再列出分布列,即可求出期望.

【解析】 (1) 设甲学校在三个项目中获胜的事件依次为 A,B,C,所以甲学校获得冠军的概率为

$$P=P(ABC)+P(\overline{A}BC)+P(A\overline{B}C)+P(AB\overline{C})$$
$$=0.5\times0.4\times0.8+0.5\times0.4\times0.8+0.5\times0.6\times0.8+0.5\times0.4\times0.2$$
$$=0.16+0.16+0.24+0.04=0.6.$$

(2) 依题可知,X 的可能取值为 0,10,20,30,所以

$P(X=0)=0.5\times0.4\times0.8=0.16$,

$P(X=10)=0.5\times0.4\times0.8+0.5\times0.6\times0.8+0.5\times0.4\times0.2=0.44$,

$P(X=20)=0.5\times0.6\times0.8+0.5\times0.4\times0.2+0.5\times0.6\times0.2=0.34$,

$P(X=30)=0.5\times0.6\times0.2=0.06$.

所以 X 的分布列为

X	0	10	20	30
P	0.16	0.44	0.34	0.06

期望 $E(X)=0\times0.16+10\times0.44+20\times0.34+30\times0.06=13$.

这一类考题涉及的背景很广,往往以奖励金额、经营利润、比赛得分、胜负场数、游戏得分作为随机变量.一般需要先仔细审题,根据题目得出随机变量可能取哪些值,然后利用相互独立事件同时发生的概率乘法公式来求随机变量取不同值时的概率,从而得到分布列.

二、独立重复事件的概率与分布列(二项分布)

例 4［2014·辽宁卷(理)第 18 题］ 一家面包房根据以往某种面包的销售记录，绘制了日销售量的频率分布直方图，如图所示：

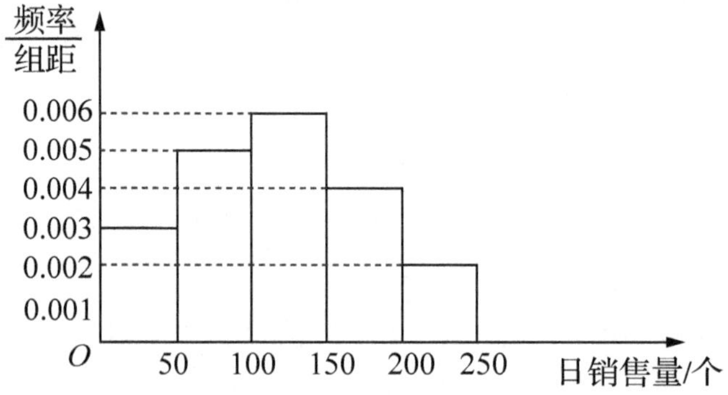

例 4 图

将日销售量落入各组的频率视为概率，并假设每天的销售量相互独立.

(1) 求在未来连续 3 天里，有连续 2 天的日销售量都不低于 100 个且另一天的日销售量低于 50 个的概率；

(2) 用 X 表示在未来 3 天里日销售量不低于 100 个的天数，求随机变量 X 的分布列、期望 $E(X)$ 及方差 $D(X)$.

【分析】 本题主要考查由频率分布直方图求概率(频率)、相互独立事件同时发生的概率乘法公式、独立重复事件发生 k 次的概率，以及离散型随机变量的分布列(二项分布)、数学期望、方差等. 从题设中知道：任意一天日销售量不低于 100 个的概率为 0.6，所以第(2)题中随机变量 X 服从二项分布.

【解析】 (1) 设 A_1 表示事件“日销售量不低于 100 个”，A_2 表示事件“日销售量低于 50 个”，B 表示事件“未来连续 3 天里，有连续 2 天的日销售量都不低于 100 个且另一天的日销售量低于 50

个”，则

$P(A_1)=(0.006+0.004+0.002)\times 50=0.6$，

$P(A_2)=0.003\times 50=0.15$，

$P(B)=0.6\times 0.6\times 0.15\times 2=0.108$.

(2) 随机变量 X 的可能取值为 0,1,2,3.

从频率分布直方图可以看出，任意一天日销售量不低于 100 个的概率为 0.6，则

$P(X=0)=C_3^0\times(1-0.6)^3=0.064$，

$P(X=1)=C_3^1\times 0.6\times(1-0.6)^2=0.288$，

$P(X=2)=C_3^2\times 0.6^2\times(1-0.6)=0.432$，

$P(X=3)=C_3^3\times 0.6^3=0.216$.

所以 X 的分布列为

X	0	1	2	3
P	0.064	0.288	0.432	0.216

因为 $X\sim B(3,0.6)$，所以 $E(X)=3\times 0.6=1.8$，$D(X)=3\times 0.6\times(1-0.6)=0.72$.

【点评】 无论给出怎样的实际背景，只要题目中涉及的随机变量是重复试验中的成功次数，那么毫无疑问该随机变量服从二项分布.

三、超几何分布

例 5[2014·天津卷(理)第 16 题] 某大学志愿者协会有 6 名男生、4 名女生. 这 10 名学生中，3 名学生来自数学学院，其余 7 名学生来自物理、化学等其他互不相同的 7 个学院. 现从这 10 名学生中随机选取 3 名，到希望小学进行支教活动(每位学生被选到的可能性相同).

(1) 求选出的3名学生来自互不相同学院的概率;

(2) 设 X 表示选出的3名学生中女学生的人数,求随机变量 X 的分布列和数学期望.

【分析】 本题主要考查古典概型及其概率计算公式,互斥事件、离散型随机变量的分布列与数学期望等基础知识,考查运用概率知识解决简单实际问题的能力.第(2)题中随机变量 X 表示从6名男生、4名女生中选出的3名学生中女生的人数,显然 X 服从超几何分布.

【解析】 (1) 所求概率 $P=\frac{C_7^3+C_7^2C_3^1}{C_{10}^3}=\frac{49}{60}$.

(2) 随机变量 X 的可能取值为0,1,2,3,则

$P(X=0)=\frac{C_6^3C_4^0}{C_{10}^3}=\frac{20}{120}=\frac{1}{6}$, $P(X=1)=\frac{C_6^2C_4^1}{C_{10}^3}=\frac{60}{120}=\frac{1}{2}$,

$P(X=2)=\frac{C_6^1C_4^2}{120}=\frac{36}{120}=\frac{3}{10}$, $P(X=3)=\frac{C_6^0C_4^3}{120}=\frac{4}{120}=\frac{1}{30}$.

所以 X 的分布列为

X	0	1	2	3
P	$\frac{1}{6}$	$\frac{1}{2}$	$\frac{3}{10}$	$\frac{1}{30}$

X 的数学期望 $E(X)=0\times\frac{1}{6}+1\times\frac{1}{2}+2\times\frac{3}{10}+3\times\frac{1}{30}=\frac{6}{5}$.

超几何分布最典型的代表题目是教材中的例题:M 件产品中有 m 件次品,从中任取 n 件,设 X 为取到的次品件数,求 X 的分布列.

通过对以上三类重点题型的分析,我们发现,在随机变量及其分布列的教学中,需要重视以下知识:互斥事件和相互独立事件的概念、互斥事件概率加法公式、相互独立事件概率乘法公式、满足相互独立的随机变量的分布列、二项分布、超几何分布以及期望和方差的计算.这部分试题一般难度都不大,属于中档题,只要平时注意理解,考试时注意审题,仔细运算,还是比较容易得分的.

下篇

实例探析

高中数学内容丰富，难度也比较大，学习时既要掌握好基础知识、基本技能，也要掌握好各种数学思想和解题方法，还要学会反思，善于总结. 根据不同的模块，结合不同的内容和题型，总结相应的解题方法和规律，做到以不变应万变才是关键. 笔者凭借多年的教学经验、听课教研以及对高考的研究，结合部分实例进行探析，以期能对广大师生有所帮助.

放缩法在不等式中的应用策略探析

所谓放缩法，就是利用不等式的传递性，对题目给定的不等关系进行合理的放大或缩小的过程，即欲证 $A\leqslant B$，可寻找一个（或多个）中间变量 C，使 $A\leqslant C\leqslant B$. 由 A 到 C 叫作"放"，由 B 到 C 叫作"缩". 此方法既可以单独用来证明不等式，也可以与函数、导数、数列等其他知识结合使用. 下面通过典型例题来介绍放缩法的应用.

一、添项或减项

例 1 （1）已知 a,b,c 不全为零，求证：

$$\sqrt{a^2+ab+b^2}+\sqrt{b^2+bc+c^2}+\sqrt{c^2+ac+a^2}>\frac{3}{2}(a+b+c).$$

（2）证明：对于 $n\in\mathbf{N}$ 且 $n\geqslant 3$，都有 $2^n>2n+1$.

【分析】 （1）所证不等式的左边为三个根式，右边没有根号，因此由左向右证明的基本思路就是通过放缩法将根号去掉. 而左边根号中都是二次三项式的形式，因此可对给定的式子进行配方，然后通过放缩法将其变为完全平方的形式，从而可将根号去掉.（2）首先应将 2^n 与关于 n 的多项式建立不等关系，可通过二项式定理将 2^n 改变形式后展开，然后通过放缩法进行证明.

【证明】 （1）因为 $\sqrt{a^2+ab+b^2}=\sqrt{\left(a+\frac{b}{2}\right)^2+\frac{3}{4}b^2}>\sqrt{\left(a+\frac{b}{2}\right)^2}=\left|a+\frac{b}{2}\right|\geqslant a+\frac{b}{2}$，故 $\sqrt{a^2+ab+b^2}>a+\frac{b}{2}$.

同理，$\sqrt{b^2+bc+c^2}>b+\frac{c}{2}$，$\sqrt{c^2+ac+a^2}>c+\frac{a}{2}$.

所以$\sqrt{a^2+ab+b^2}+\sqrt{b^2+bc+c^2}+\sqrt{c^2+ac+a^2}>\frac{3}{2}(a+b+c)$.

（2）当 $n\in\mathbf{N}$ 且 $n\geqslant 3$ 时，

$$\begin{aligned}2^n&=(1+1)^2=C_n^0+C_n^1+C_n^2+\cdots+C_n^{n-1}+C_n^n\\&=1+n+\frac{n(n-1)}{2}+\cdots+n+1>2n+1,\end{aligned}$$

即 $2^n>2n+1$.

【点评】 通过对不等式的一边进行添项或减项以达到解题目的，这是放缩法的常规思路.

二、分式的性质

例 2 已知 a,b,c 为三角形的三边，求证：

$$1<\frac{a}{b+c}+\frac{b}{a+c}+\frac{c}{a+b}<2.$$

【分析】 为使$\frac{a}{b+c}+\frac{b}{a+c}+\frac{c}{a+b}$可求和，可对每个分式进行放缩，使其分母相同，但要注意放缩的"度"和"方向".

【证明】 由于 a,b,c 为正数，所以$\frac{a}{b+c}>\frac{a}{a+b+c}$，$\frac{b}{a+c}>\frac{b}{a+b+c}$，$\frac{c}{a+b}>\frac{c}{a+b+c}$. 所以 $\frac{a}{b+c}+\frac{b}{a+c}+\frac{c}{a+b}>\frac{a}{a+b+c}+\frac{b}{a+b+c}+\frac{c}{a+b+c}=1$.

又 a,b,c 为三角形的边，故 $b+c>a$，则$\frac{a}{b+c}<\frac{2a}{a+b+c}$.

同理，$\frac{b}{a+c}<\frac{2b}{a+b+c}$，$\frac{c}{a+b}<\frac{2c}{a+b+c}$.

故$\frac{a}{b+c}+\frac{b}{a+c}+\frac{c}{a+b}<\frac{2a}{a+b+c}+\frac{2b}{a+b+c}+\frac{2c}{a+b+c}=2$.

综上,可得$1<\frac{a}{b+c}+\frac{b}{a+c}+\frac{c}{a+b}<2$.

例 3 求证:$\frac{1}{2}\leqslant\frac{1}{n+1}+\frac{1}{n+2}+\cdots+\frac{1}{n+n}<1(n\in\mathbf{N})$.

【分析】 要证明给定的不等式,首先应对$\frac{1}{n+1}+\frac{1}{n+2}+\cdots+\frac{1}{n+n}$进行合理的放缩,使其能求和,从而得到其与$\frac{1}{2}$和 1 的关系.

【证明】 因为

$$\frac{1}{n+1}+\frac{1}{n+2}+\cdots+\frac{1}{n+n}\geqslant\frac{1}{n+n}+\frac{1}{n+n}+\cdots+\frac{1}{n+n}=\frac{n}{n+n}=\frac{1}{2},$$

又$\frac{1}{n+1}+\frac{1}{n+2}+\cdots+\frac{1}{n+n}<\frac{1}{n}+\frac{1}{n}+\cdots+\frac{1}{n}=\frac{n}{n}=1$,所以

$$\frac{1}{2}\leqslant\frac{1}{n+1}+\frac{1}{n+2}+\cdots+\frac{1}{n+n}<1(n\in\mathbf{N}).$$

【点评】 对于分式的放缩,常常利用分式的以下两个性质:① 若a,b,m都为正实数,则$\frac{a}{b}>\frac{a}{b+m}$,$\frac{a}{b}<\frac{a+m}{b}$;② 若$a,b,m$都为正实数,则当$\frac{b}{a}>1$时$\frac{b}{a}>\frac{b+m}{a+m}$,当$0<\frac{b}{a}<1$时$\frac{b}{a}<\frac{b+m}{a+m}$.

三、裂项求和

例 4 求证:$\frac{1}{1^2}+\frac{1}{2^2}+\frac{1}{3^2}+\cdots+\frac{1}{n^2}<2$.

【分析】 比较不等式两侧的差异可知解题的关键是将不等号左侧的和式通过合理的放缩使其能求和,根据和式的形式可考虑放缩后裂项求和.

【证明】 因为$\frac{1}{n^2}<\frac{1}{n(n-1)}=\frac{1}{n-1}-\frac{1}{n}$,所以

$$\frac{1}{1^2}+\frac{1}{2^2}+\frac{1}{3^2}+\cdots+\frac{1}{n^2}<1+\left(1-\frac{1}{2}\right)+\left(\frac{1}{2}-\frac{1}{3}\right)+\cdots+\left(\frac{1}{n-1}-\frac{1}{n}\right)=2-\frac{1}{n}<2\ (*).$$

【点评】 若本题变为$\frac{1}{1^2}+\frac{1}{2^2}+\frac{1}{3^2}+\cdots+\frac{1}{n^2}<\frac{7}{4}$,则上面解法中(*)式可变为$\frac{1}{1^2}+\frac{1}{2^2}+\frac{1}{3^2}+\cdots+\frac{1}{n^2}<1+\frac{1}{2^2}+\left(\frac{1}{2}-\frac{1}{3}\right)+\cdots+\left(\frac{1}{n-1}-\frac{1}{n}\right)=\frac{5}{4}+\left(\frac{1}{2}-\frac{1}{n}\right)<\frac{7}{4}$,也就是从第三项起进行放缩,因此放缩有度、时机恰当是用此方法解题的关键.

例 5 设$a_1,a_2,\cdots,a_n$是正数,求证:

$$\frac{a_2}{(a_1+a_2)^2}+\frac{a_3}{(a_1+a_2+a_3)^2}+\cdots+\frac{a_n}{(a_1+a_2+\cdots+a_n)^2}<\frac{1}{a_1}.$$

【分析】 所求证的不等式左侧为一个和式的形式,因此应对其放缩后求和.根据式子的特点可先利用$(a_1+a_2+\cdots+a_n)^2>(a_1+a_2+\cdots+a_{n-1})(a_1+a_2+\cdots+a_n)$对左侧分式中每个分母进行放缩,然后利用裂项求和.

【证明】 左边$<\frac{a_2}{a_1(a_1+a_2)}+\frac{a_3}{(a_1+a_2)(a_1+a_2+a_3)}+\cdots+\frac{a_n}{(a_1+a_2+\cdots+a_{n-1})(a_1+a_2+\cdots+a_n)}$

$$=\left(\frac{1}{a_1}-\frac{1}{a_1+a_2}\right)+\left(\frac{1}{a_1+a_2}-\frac{1}{a_1+a_2+a_3}\right)+\cdots+\left(\frac{1}{a_1+a_2+\cdots+a_{n-1}}-\frac{1}{a_1+a_2+\cdots+a_n}\right)$$

$$=\frac{1}{a_1}-\frac{1}{a_1+a_2+\cdots+a_n}<\frac{1}{a_1},$$

即$\frac{a_2}{(a_1+a_2)^2}+\frac{a_3}{(a_1+a_2+a_3)^2}+\cdots+\frac{a_n}{(a_1+a_2+\cdots+a_n)^2}<\frac{1}{a_1}$.

【点评】 遇到与自然数 n 有关的和式的不等式证明，一般先将和式中所有项（或部分项）进行适当放缩，使得放缩后的和式可以求和，求和时常常用裂项求和的方法进行. 例如，$\frac{1}{\sqrt{n}}=\frac{2}{\sqrt{n}+\sqrt{n}}<\frac{2}{\sqrt{n}+\sqrt{n-1}}=2(\sqrt{n}-\sqrt{n-1})$. 当然有时也可与其他的求和方法相结合.

四、基本不等式

例 6 比较 $\log_2 3$ 与 $\log_3 4$ 的大小.

【分析】 要比较两者的大小关系，可以对其进行作差，结合换底公式及基本不等式进行整理和放缩，从而得到两者的大小关系.

【解析】 因为

$$\log_2 3-\log_3 4=\frac{\lg 3}{\lg 2}-\frac{\lg 4}{\lg 3}=\frac{\lg^2 3-\lg 2\cdot\lg 4}{\lg 2\cdot\lg 3}$$

$$>\frac{\lg^2 3-\left[\frac{1}{2}(\lg 2+\lg 4)\right]^2}{\lg 2\cdot\lg 3}$$

$$=\frac{\lg^2 3-\left(\frac{1}{2}\lg 8\right)^2}{\lg 2\cdot\lg 3}>\frac{\lg^2 3-\left(\frac{1}{2}\lg 9\right)^2}{\lg 2\cdot\lg 3}=0,$$

故 $\log_2 3-\log_3 4>0$，即 $\log_2 3>\log_3 4$.

【点评】 本题用了两次放缩：首先利用基本不等式将 $\lg 2\cdot\lg 4$ 放缩为 $\left[\frac{1}{2}(\lg 2+\lg 4)\right]^2$，然后将 $\lg^2 3-\left(\frac{1}{2}\lg 8\right)^2$ 放缩为 $\lg^2 3-\left(\frac{1}{2}\lg 9\right)^2$. 放缩的目的是找到 $\log_2 3-\log_3 4$ 与 0 的关系.

五、函数的单调性

例 7 已知 $a,b\in\mathbf{R}$,求证:$\dfrac{|a+b|}{1+|a+b|}\leqslant\dfrac{|a|}{1+|a|}+\dfrac{|b|}{1+|b|}$.

【分析】 根据不等式的结构特点,可构造函数 $f(x)=\dfrac{x}{1+x}$ $(x\geqslant 0)$,通过研究其单调性,结合放缩法进行证明.

【证明】 构造函数 $f(x)=\dfrac{x}{1+x}(x\geqslant 0)$,首先判断其单调性.设 $0\leqslant x_1<x_2$,因为 $f(x_1)-f(x_2)=\dfrac{x_1}{1+x_1}-\dfrac{x_2}{1+x_2}=\dfrac{x_1-x_2}{(1+x_1)(1+x_2)}<0$,所以 $f(x_1)<f(x_2)$,所以 $f(x)$ 在 $[0,+\infty)$ 上是增函数.

取 $x_1=|a+b|$,$x_2=|a|+|b|$,显然满足 $0\leqslant x_1\leqslant x_2$,所以 $f(|a+b|)\leqslant f(|a|+|b|)$,即

$$\begin{aligned}\frac{|a+b|}{1+|a+b|}&\leqslant\frac{|a|+|b|}{1+|a|+|b|}=\frac{|a|}{1+|a|+|b|}+\frac{|b|}{1+|a|+|b|}\\&\leqslant\frac{|a|}{1+|a|}+\frac{|b|}{1+|b|}.\end{aligned}$$

【点评】 根据题目特征,通过构造特殊的单调函数,利用其单调性并结合放缩法证明.

例 8 已知 $f(x)=\dfrac{e^x}{x}$(e 为自然对数的底数).

(1) 求函数 $f(x)$ 在 $(0,+\infty)$ 上的最小值;

(2) 求证:$\displaystyle\sum_{i=1}^{n}\frac{1}{i\cdot e^i}<\frac{7}{4e}$.

【分析】 对于(1),通过导数研究 $f(x)$ 的单调性,从而得到最小值;对于(2),由(1)可得 $\dfrac{e^x}{x}$ 在 $(0,+\infty)$ 上的范围,证明 $\displaystyle\sum_{i=1}^{n}\frac{1}{i\cdot e^i}<\frac{7}{4e}$ 时可考虑利用(1)的结论,结合放缩法建立 $\dfrac{1}{i\cdot e^i}(i=1,2,\cdots,n)$ 与 $\dfrac{1}{e}$

的关系，从而得到$\sum\limits_{i=1}^{n}\frac{1}{i\cdot e^{i}}$的取值范围.

【解析】 (1) $f'(x)=\frac{xe^{x}-e^{x}}{x^{2}}=\frac{e^{x}(x-1)}{x^{2}}$，易知当$x\in(0,1)$时，函数$f(x)$递减；当$x\in(1,+\infty)$时，$f(x)$递增. 因此，当$x\in(0,+\infty)$时，$f(x)_{\min}=f(1)=e$.

(2) 由(1)可知，当$x\in(0,+\infty)$时，$f(x)=\frac{e^{x}}{x}\geqslant e$，所以$\frac{x}{e^{x}}\leqslant\frac{1}{e}$ $(x>0)$，故$\frac{1}{ne^{n}}=\frac{n}{n^{2}e^{n}}\leqslant\frac{1}{n^{2}}\cdot\frac{1}{e}$. 于是

$$
\begin{aligned}
\sum_{i=1}^{n}\frac{1}{i\cdot e^{i}}&=\frac{1}{e}+\frac{1}{2e^{2}}+\cdots+\frac{1}{ne^{n}}\leqslant\frac{1}{e}\left(1+\frac{1}{2^{2}}+\frac{1}{3^{2}}+\cdots+\frac{1}{n^{2}}\right)\\
&<\frac{1}{e}\left(1+\frac{1}{2^{2}-1}+\frac{1}{3^{2}-1}+\cdots+\frac{1}{n^{2}-1}\right)\\
&=\frac{1}{e}\left[1+\frac{1}{2}\left(1-\frac{1}{3}+\frac{1}{2}-\frac{1}{4}+\frac{1}{3}-\frac{1}{5}+\cdots+\right.\right.\\
&\qquad\left.\left.\frac{1}{n-2}-\frac{1}{n}+\frac{1}{n-1}-\frac{1}{n+1}\right)\right]\\
&=\frac{1}{e}\left[1+\frac{1}{2}\left(1+\frac{1}{2}-\frac{1}{n}-\frac{1}{n+1}\right)\right]<\frac{1}{e}\cdot\frac{7}{4}=\frac{7}{4e}.
\end{aligned}
$$

【点评】 函数、导数、不等式常常结合在一起考查. 本题在证明$\sum\limits_{i=1}^{n}\frac{1}{i\cdot e^{i}}<\frac{7}{4e}$时，结合题目给定函数的性质利用放缩法进行证明，技巧性较强，注意分析已知条件和所证结论，明确放缩的方向以及放缩的“度”是解决此类问题的关键和难点.

导数应用中求曲线的切线方程策略探析

利用导数的几何意义求曲线的切线方程是导数的一个重要应用，也是各类考题中常常涉及的知识点. 此类问题的呈现方式比较多，如“求曲线在某点处的切线方程”“求曲线过某点的切线方程”等，虽是毫厘之差，解法却迥然相异. 在解决这些问题时，都围绕一个中心“切点”，均依附于导数的几何意义. 下面将通过典型例题来对这类问题进行归纳总结.

例 1 已知曲线方程为 $y=\frac{1}{3}x^3+\frac{4}{3}$，求：

(1) 该曲线在点 $P(2,4)$ 处的切线方程；

(2) 该曲线过点 $P(2,4)$ 的切线方程；

(3) 斜率为 1 的曲线的切线方程.

【分析】 “该曲线在点 $P(2,4)$ 处的切线”与“该曲线过点 $P(2,4)$ 的切线”是不同的：“在点 $P(2,4)$ 处”意味着点 $P(2,4)$ 为切点，但“过点 $P(2,4)$”中点 $P(2,4)$ 就不一定是切点. 求曲线的切线方程要紧紧抓住切点坐标，结合导数的几何意义求出斜率，然后利用点斜式写出切线方程.

【解析】 (1) 在点 $P(2,4)$ 处切线的斜率为 $y'|_{x=2}=2^2=4$，故所求切线方程为 $y-4=4(x-2)$，即 $4x-y-4=0$.

(2) 设曲线 $y=\frac{1}{3}x^3+\frac{4}{3}$ 与过点 $P(2,4)$ 的切线相切于点 $P_0\left(x_0,\frac{1}{3}x_0^3+\frac{4}{3}\right)$，则切线的斜率为 $k=y'|_{x=x_0}=x_0^2$，切线方程为

$y-\left(\frac{1}{3}x_0^3+\frac{4}{3}\right)=x_0^2(x-x_0)$.

又因点 $P(2,4)$在切线上，所以 $4-\left(\frac{1}{3}x_0^3+\frac{4}{3}\right)=x_0^2(2-x_0)$，即 $x_0^3-3x_0^2+4=0$，即$(x_0+1)(x_0-2)^2=0$，解得 $x_0=2$ 或 $x_0=-1$，故所求切线方程为 $4x-y-4=0$ 或 $x-y+2=0$.

(3) 设切点为 $P_1(x_1,y_1)$，则切线的斜率满足 $k=y'|_{x=x_1}=x_1^2=1$，解得 $x_1=\pm1$，故切点为$(-1,1)$或$\left(1,\frac{5}{3}\right)$.

故满足条件的切线方程为 $x-y+2=0$ 或 $3x-3y+2=0$.

【点评】 (1) 利用导数的几何意义求切线方程，一定要抓住切点 $P_0(x_0,y_0)$. 切点满足：在曲线上、在切线上、$k=f'(x_0)$.

(2) 给定一点 $P_0(x_0,y_0)$（“在”或“过”此点）求切线方程时，要注意给定的点是否为切点.

① 当点 $P_0(x_0,y_0)$是切点时，切线方程为 $y-y_0=f'(x_0)(x-x_0)$.

② 当点 $P_0(x_0,y_0)$不一定是切点时，可按下面的步骤求解：

第一步：设切点坐标为 $P_1(x_1,f(x_1))$；

第二步：写出过点 $P_1(x_1,f(x_1))$的切线方程 $y-y_1=f'(x_1)(x-x_1)$；

第三步：将点 $P_0(x_0,y_0)$代入上面的切线方程，求出 x_1；

第四步：将 x_1的值代入方程 $y-y_1=f'(x_1)(x-x_1)$，即可得到所求的切线方程.

(3) 将曲线 $y=\frac{1}{3}x^3+\frac{4}{3}$以及对应的切线在同一坐标系中画出，可得下图：

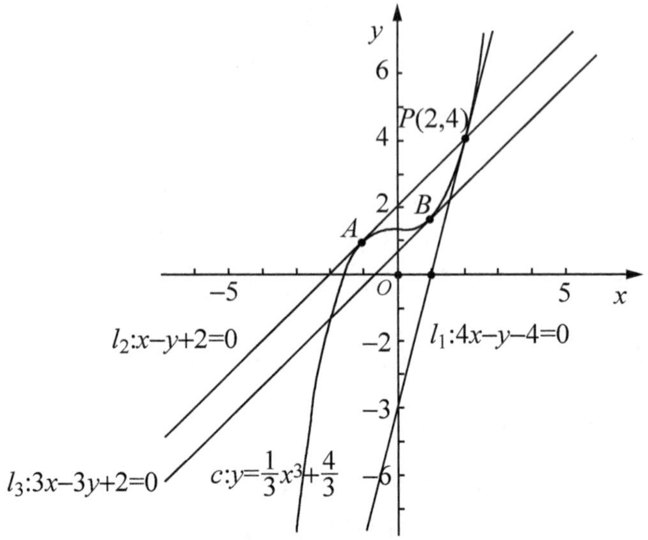

例 3 点评图

曲线 c 在点 $P(2,4)$处的切线为 l_1，它以点 $P(2,4)$为切点；曲线 c 过点 $P(2,4)$的切线为 l_1 和 l_2，其中切线 l_1 以点$P(2,4)$为切点，切线 l_2以点 A 为切点，l_2 只是经过点 $P(2,4)$（由此可知曲线的切线与曲线可以有多个交点）；l_2和 l_3是斜率为 1 的两条切线.

解决此类问题时，一定要弄清题目的要求，特别要判断给定的点是不是切点，以防失之毫厘，谬以千里.

导数应用中函数的构造策略探析

导数是解决函数问题的一个有力工具，但是有些与函数有关的问题无法直接用导数来解决，而要通过构造新的函数来解决. 下面就通过几个典型例题来总结这类问题的解决方法.

一、构造函数证明不等式

例 1 已知函数 $f(x)=e^x+ax-1$. 求证：当 $x>0$ 且 $a>-1$ 时，$f(x)>f(-x)$.

【分析】 因为 $f(x)>f(-x)\Leftrightarrow e^x+ax>e^{-x}-ax\Leftrightarrow e^x-\frac{1}{e^x}+2ax>0$，要证 $f(x)>f(-x)$，即证 $e^x-\frac{1}{e^x}+2ax>0$，可构造函数，利用导数来证明.

【证明】 令 $h(x)=f(x)-f(-x)=e^x-\frac{1}{e^x}+2ax(x\geqslant0)$，则 $h'(x)=e^x+\frac{1}{e^x}+2a$.

因为 $e^x+\frac{1}{e^x}+2a\geqslant2\sqrt{e^x\cdot\frac{1}{e^x}}+2a=2+2a$，当且仅当 $x=0$ 时等号成立.

又 $a>-1$，所以 $h'(x)=e^x+\frac{1}{e^x}+2a>0$.

所以 $h(x)=e^x-\frac{1}{e^x}+2ax$ 在区间 $[0,+\infty)$ 上是增函数.

又 $h(0)=0$，故当 $x>0$ 时，$h(x)=e^x-e^{-x}+2ax>0$，即 $e^x+ax>e^{-x}-ax$，即当 $x>0$ 且 $a>-1$ 时，$f(x)>f(-x)$.

【点评】 利用导数证明不等式 $f(x)>g(x)(x\in I)$，一般可先构造函数 $h(x)=f(x)-g(x)(x\in I)$，转化为证明当 $x\in I$ 时函数 $h(x)>0$ 成立；可通过导数研究 $h(x)$ 的单调性，进而证明 $h(x)>0$.

二、构造函数解不等式

例 2 已知函数 $f(x)$ 的定义域为 $\mathbf{R}$，$f(-1)=2$，对任意 $x\in\mathbf{R}$，$f'(x)>2$，则 $f(x)>2x+4$ 的解集为 ( )

A. $(-1,1)$　　B. $(-1,+\infty)$

C. $(-\infty,-1)$　　D. $(-\infty,+\infty)$

【分析】 题目给出了关于导数的一个不等关系，对于导函数满足的不等关系，一般表明的是某个函数的单调性，因此这里应意识到要构造函数来解不等式.

【解析】 $f'(x)>2$，即 $[f(x)-2x]'>0$.

设函数 $F(x)=f(x)-2x$，则 $F(x)$ 在 $\mathbf{R}$ 上为增函数.

又 $f(x)>2x+4$，即 $f(x)-2x>4$，即 $F(x)>4$.

又因为 $F(-1)=f(-1)+2=4$，故 $F(x)>F(-1)$.

因此 $x>-1$. 故选 B.

【点评】 (1) 本题构造了函数 $F(x)=f(x)-2x$，事实上也可构造函数 $H(x)=f(x)-2x-4$.

(2) 一般来说，当给定关于导数的不等关系时，可构造与导数对应的函数来处理. 比如，函数 $f(x)$ 在 $\mathbf{R}$ 上可导，且满足 $f(x)>xf'(x)$，这里可构造函数 $F(x)=\frac{f(x)}{x}$，则 $F'(x)=\frac{xf'(x)-f(x)}{x^2}<0$，

故 $F(x)$在$(0,+\infty)$内递减.

三、构造函数讨论交点问题

例 3 已知函数 $f(x)=-x^2+8x$，$g(x)=6\ln x+m$. 问是否存在实数 m，使得函数 $y=f(x)$的图象与 $y=g(x)$的图象有且只有 3 个不同的交点？若存在，求出 m 的取值范围；若不存在，说明理由.

【分析】 构造新函数 $\varphi(x)=g(x)-f(x)$，则可将函数 $y=f(x)$的图象与 $y=g(x)$的图象的交点情况，转化为函数 $\varphi(x)$的图象与 x 轴的交点问题，通过研究 $\varphi(x)$的单调性、极值点及 x 趋向于 0 和$+\infty$的变化趋势等性质作出 $\varphi(x)$的大致图象，最后通过图象找到 $\varphi(x)$应满足的条件.

【解析】 函数 $y=f(x)$的图象与 $y=g(x)$的图象有且只有 3 个不同的交点，即函数 $\varphi(x)=g(x)-f(x)$的图象与 x 轴的正半轴有且只有 3 个不同的交点.

下面用导数来研究 $\varphi(x)$的性质，从而画出它的图象，通过图象研究当 $\varphi(x)$与 x 轴的正半轴有且只有 3 个不同的交点时应当满足的条件.

因为 $\varphi(x)=g(x)-f(x)=x^2-8x+6\ln x+m$，所以

$$\varphi'(x)=2x-8+\frac{6}{x}=\frac{2x^2-8x+6}{x}=\frac{2(x-1)(x-3)}{x}(x>0).$$

当 $x\in(0,1)$时，$\varphi'(x)>0$，$\varphi(x)$是增函数；当 $x\in(1,3)$时，$\varphi'(x)<0$，$\varphi(x)$是减函数；当 $x\in(3,+\infty)$时，$\varphi'(x)>0$，$\varphi(x)$是增函数；当 $x=1$ 或 $x=3$ 时，$\varphi'(x)=0$.

所以 $\varphi(x)_{极大值}=\varphi(1)=m-7$，$\varphi(x)_{极小值}=\varphi(3)=m+6\ln 3-15$.

当 x 趋向于 0 时，$\varphi(x)$趋向于$-\infty$；当 x 趋向于$+\infty$时，$\varphi(x)$趋向于$+\infty$.

由 $\varphi(x)$的单调性、极值点及 x 趋向于 0 和$+\infty$的变化趋势，可

以作出 $\varphi(x)$ 的大致图象，如下图所示.

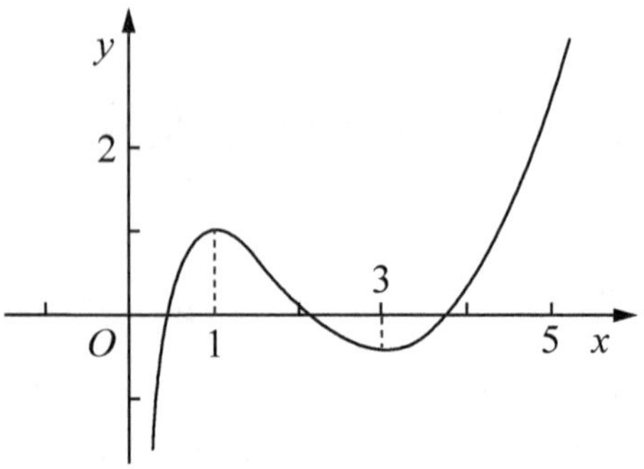

例 3 解析图

所以要使 $\varphi(x)$ 的图象与 x 轴的正半轴有 3 个不同的交点，必须且只需 $\varphi(1)\varphi(3)<0$，即 $(m-7)(m+6\ln 3-15)<0$，解得 $7<m<15-6\ln 3$.

故存在实数 m，使得函数 $y=f(x)$ 的图象与 $y=g(x)$ 的图象有且只有 3 个不同的交点，m 的取值范围为 $(7,15-6\ln 3)$.

【点评】 (1) 函数 $y=f(x)$ 的图象与 $y=g(x)$ 的图象的交点情况，即为函数 $\varphi(x)=g(x)-f(x)$ 的图象与 x 轴的交点情况.

(2) 注意综合利用导数研究函数的单调性、极值等性质.

(3) 本题中函数 $\varphi(x)$ 的图象实际上与我们熟悉的一些三次多项式函数的图象是类似的，都是“双峰”形状，这类函数对应方程的根的情况取决于函数在极值点处的取值情况.

函数单调性问题解题策略探析

函数的单调性是函数的基本性质之一．在研究很多函数问题时，单调性一般是一个重要的切入点．下面从函数单调区间的求法、已知单调性求参数的取值范围、单调性的典型应用等方面进行分析．

一、求函数的单调区间

例 1 函数 $f(x)=\lg\frac{x^2+1}{|x|}(x\neq0)$的单调递增区间为________．

【解析】 因为函数 $f(-x)=\lg\frac{(-x)^2+1}{|-x|}=f(x)(x\neq0)$，所以函数$f(x)$为偶函数．又因为函数 $y=x+\frac{1}{x}$在$(0,1)$内单调递减，在$(1,+\infty)$内单调递增，所以函数 $y=|x|+\frac{1}{|x|}$在$(-\infty,-1)$和$(0,1)$内单调递减，在$(-1,0)$和$(1,+\infty)$内单调递增，从而函数$f(x)$的单调递增区间为$(-1,0)$和$(1,+\infty)$．

【点评】 本题在求函数单调区间时利用了以下知识：(1) 复合函数的单调性规律“同增异减”，即当构成复合函数的两个函数（一般我们仅研究两重复合函数）在相应区间上的单调性相同时，复合函数就为增函数；当两个函数的单调性相反时，复合函数就为减函数．(2) 偶函数在对称区间上具有相反的单调性．

跟踪练习

若函数 $f(x)(x\in\mathbf{R})$ 的图象如下图所示，则函数 $g(x)=f(\log_a x)(0<a<1)$ 的单调减区间是 ( )

A. $\left[0,\frac{1}{2}\right]$　　B. $(-\infty,0)\cup\left[\frac{1}{2},+\infty\right)$

C. $[\sqrt{a},1]$　　D. $[\sqrt{a},\sqrt{a+1}]$

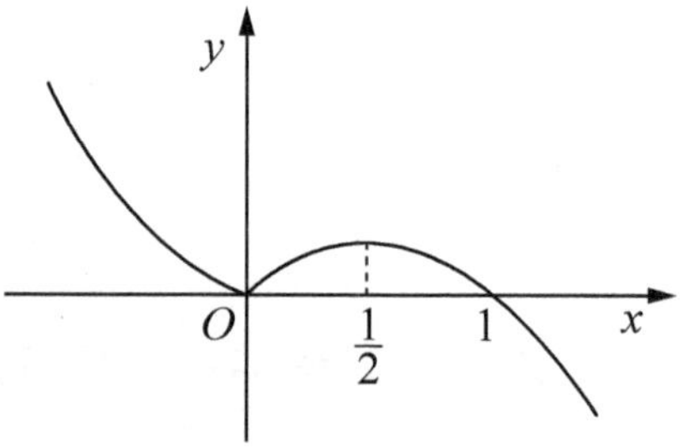

跟踪练习图

【解析】 函数 $y=\log_a x(0<a<1)$ 在定义域内为减函数，而函数 $f(x)$ 在 $\left(0,\frac{1}{2}\right)$ 内为增函数，在 $(-\infty,0)$ 和 $\left(\frac{1}{2},+\infty\right)$ 内是减函数，故 $g(x)$ 在 $\left(0,\frac{1}{2}\right)$ 内为减函数. 由 $0<\log_a x<\frac{1}{2}$，得 $\sqrt{a}<x<1$，因此函数 $g(x)=f(\log_a x)(0<a<1)$ 的单调减区间是 $[\sqrt{a},1]$. 故选 C.

二、已知单调性求参数的取值范围

例 2 若 $f(x)=\cos x-\sin x$ 在 $[-a,a]$ 上是减函数，则 a 的取值范围为________.

【解析】 方法一　$f(x)=\cos x-\sin x=\sqrt{2}\cos\left(x+\frac{\pi}{4}\right)$，且函数 $y=\cos x$ 在区间 $[0,\pi]$ 上单调递减，则由 $0\leqslant x+\frac{\pi}{4}\leqslant\pi$，得 $-\frac{\pi}{4}\leqslant x\leqslant\frac{3\pi}{4}$.

因为 $f(x)$ 在 $[-a,a]$ 上是减函数，所以 $\begin{cases}-a\geqslant-\dfrac{\pi}{4},\\ a\leqslant\dfrac{3\pi}{4},\end{cases}$ 解得 $a\leqslant\dfrac{\pi}{4}$，

所以 $0<a\leqslant\dfrac{\pi}{4}$.

方法二 因为 $f(x)=\cos x-\sin x$，所以 $f'(x)=-\sin x-\cos x$.

由题意知 $f'(x)=-\sin x-\cos x\leqslant 0$ 在 $[-a,a]$ 上恒成立，即 $\sin x+\cos x\geqslant 0$，即 $\sqrt{2}\sin\left(x+\dfrac{\pi}{4}\right)\geqslant 0$ 在 $[-a,a]$ 上恒成立.

故须满足 $\begin{cases}-a+\dfrac{\pi}{4}\geqslant 0,\\ a+\dfrac{\pi}{4}\leqslant\pi,\end{cases}$ 解得 $a\leqslant\dfrac{\pi}{4}$，所以 $0<a\leqslant\dfrac{\pi}{4}$.

【点评】 方法一将题意转化为两个集合之间的包含关系；方法二利用导数，将函数 $f(x)$ 在区间 I 上单调递减，转化为 $f'(x)\leqslant 0$ 在 I 上恒成立[$f'(x)$ 不恒等于零]. 这两种方法是解决此类问题的基本方法.

跟踪练习

(1) “$0<a\leqslant 2$”是“函数 $f(x)=x^2-2ax-4$ 在区间 $[2,+\infty)$ 上单调递增”的 ( )

A. 充分不必要条件 B. 必要不充分条件

C. 充要条件 D. 既不充分也不必要条件

(2) 若函数 $f(x)=\begin{cases}a^x, & x>1,\\ (8-a)x+4, & x\leqslant 1\end{cases}$ 是 $\mathbf{R}$ 上的增函数，则实数 a 的取值范围为 ( )

A. $(1,8)$ B. $[6,8)$ C. $[4,8)$ D. $(1,+\infty)$

【解析】 (1) 要使函数 $f(x)=x^2-2ax-4$ 在区间 $[2,+\infty)$ 上单调递增，则对称轴 $x=a$ 满足 $a\leqslant 2$，所以“$0<a\leqslant 2$”是“函数 $f(x)=x^2-2ax-4$ 在区间 $[2,+\infty)$ 上单调递增”的充分不必要条件. 故选 A.

(2) 要使函数 $f(x)$ 是 $\mathbf{R}$ 上的增函数,则须满足 $\begin{cases} a>1, \\ 8-a>0, \\ a\geqslant 8-a+4, \end{cases}$

解得 $6\leqslant a<8$. 故选 B.

三、解不等式

例 3 已知函数 $f(x)$ 对任意 $x,y\in\mathbf{R}$ 都有 $f(x)+f(y)=f(x+y)+3$,当 $x>0$ 时,$f(x)>3$.

(1) 求 $f(0)$ 的值;

(2) 判断函数 $f(x)$ 在 $\mathbf{R}$ 上的单调性,并证明;

(3) 若 $f(4)=7$,求不等式 $f(a^2-2a-2)-4<0$ 的解集.

【解析】 (1) 令 $x=y=0$,由 $f(x)+f(y)=f(x+y)+3$ 可得 $f(0)+f(0)=f(0)+3$,故 $f(0)=3$.

(2) $f(x)$ 在 $\mathbf{R}$ 上是单调递增函数. 证明如下:

由 $f(x)+f(y)=f(x+y)+3$ 可得 $f(x+y)=f(x)+f(y)-3$.

任取 $x_1,x_2\in\mathbf{R}$,且 $x_1<x_2$,则

$$\begin{aligned} f(x_2)-f(x_1)&=f[(x_2-x_1)+x_1]-f(x_1) \\ &=f(x_2-x_1)+f(x_1)-3-f(x_1) \\ &=f(x_2-x_1)-3. \end{aligned}$$

因为 $x_1<x_2$,所以 $x_2-x_1>0$,所以 $f(x_2-x_1)>3$.

即 $f(x_2-x_1)-3>0$,故 $f(x_2)-f(x_1)>0$.

即 $f(x_2)>f(x_1)$,故函数 $f(x)$ 在 $\mathbf{R}$ 上是单调递增函数.

(3) 由 $f(x+y)=f(x)+f(y)-3$ 可得

$f(4)=f(2+2)=f(2)+f(2)-3=2f(2)-3$,

$f(2)=f(1+1)=f(1)+f(1)-3=2f(1)-3$.

所以 $f(4)=4f(1)-9$.

又 $f(4)=7$，所以 $f(1)=4$.

由不等式 $f(a^2-2a-2)-4<0$ 可得 $f(a^2-2a-2)<4$.

即 $f(a^2-2a-2)<f(1)$.

由(2)可知函数 $f(x)$ 在 $\mathbf{R}$ 上是单调递增函数，故 $a^2-2a-2<1$，即 $a^2-2a-3<0$，解得 $-1<a<3$.

即不等式 $f(a^2-2a-2)-4<0$ 的解集为 $(-1,3)$.

【点评】 解决本题时要注意以下几个方面：(1) 合理赋值，从而得到函数的一些取值以及函数的单调性；(2) 对不等式 $f(a^2-2a-2)-4<0$ 进行转化时，首先将“4”放入“f”符号内部，然后结合单调性进行转化.

跟踪练习

已知函数 $f(x)=\begin{cases}\left(\frac{1}{2}\right)^x+4, & x\leqslant 0,\\ -x^3-x+5, & x>0,\end{cases}$ 当 $x\in[m,m+1]$ 时，不等式 $f(2m-x)<f(x+m)$ 恒成立，则实数 m 的取值范围是（　　）

A. $(-\infty,-4)$　　B. $(-\infty,-2)$

C. $(-2,2)$　　D. $(-\infty,0)$

【解析】 易知函数 $f(x)=\begin{cases}\left(\frac{1}{2}\right)^x+4, & x\leqslant 0,\\ -x^3-x+5, & x>0\end{cases}$ 在 $(-\infty,+\infty)$ 内单调递减，因为 $f(2m-x)<f(x+m)$，所以 $2m-x>x+m$，即 $2x<m$ 在 $x\in[m,m+1]$ 上恒成立，所以 $2(m+1)<m$，即 $m<-2$. 故选 B.

四、比较大小

例 4 已知 $a=\frac{3}{2}e^{\frac{1}{2}}, b=\frac{4}{3}e^{\frac{2}{3}}, c=\frac{13}{8}e^{\frac{3}{8}}$,则 ( )

A. $a>b>c$ B. $c>b>a$

C. $b>c>a$ D. $b>a>c$

【解析】 令 $f(x)=(2-x)e^x$,则由 $f'(x)=(1-x)e^x>0$ 可知在 $(-\infty,1)$ 内 $f(x)$ 单调递增,在 $(1,+\infty)$ 内 $f(x)$ 单调递减. 因 $\frac{3}{8}<\frac{1}{2}<\frac{2}{3}<1$,故 $f\left(\frac{3}{8}\right)<f\left(\frac{1}{2}\right)<f\left(\frac{2}{3}\right)$,故 $b>a>c$. 故选 D.

【点评】 解决本题的关键是根据所给的 a,b,c 构造对应的函数,通过研究函数的单调性判断 a,b,c 的大小.

跟踪练习

若 $2^x+5^y\leqslant 2^{-y}+5^{-x}$,则有 ( )

A. $x+y\geqslant 0$ B. $x+y\leqslant 0$

C. $x-y\leqslant 0$ D. $x-y\geqslant 0$

【解析】 原不等式可化为 $2^x-5^{-x}\leqslant 2^{-y}-5^y$,构造函数 $f(x)=2^x-5^{-x}$,其为 $\mathbf{R}$ 上的增函数,所以有 $x\leqslant -y$,即 $x+y\leqslant 0$. 故选 B.

五、求最值或值域

例 5 已知 $a_n=\frac{n-\sqrt{97}}{n-\sqrt{98}}(n\in\mathbf{N}^*)$,则在数列 $\{a_n\}$ 的前 30 项中最大项和最小项分别是第______项和第______项.

【解析】 因为 $a_n=\dfrac{n-\sqrt{97}}{n-\sqrt{98}}=1+\dfrac{\sqrt{98}-\sqrt{97}}{n-\sqrt{98}}$，则点 (n,a_n) 是函数 $f(x)=1+\dfrac{\sqrt{98}-\sqrt{97}}{x-\sqrt{98}}$ 上的一些孤立点. 而函数 $f(x)=1+\dfrac{\sqrt{98}-\sqrt{97}}{x-\sqrt{98}}$ 是由 $y=\dfrac{\sqrt{98}-\sqrt{97}}{x}$ 图象上的各点向右平移 $\sqrt{98}$ 个单位长度，再向上平移 1 个单位长度得到的，因此 $f(x)$ 在 $(-\infty,\sqrt{98})$ 内是减函数，在 $(\sqrt{98},+\infty)$ 内也是减函数. 从而当 $n=9$ 时 a_n 最小，当 $n=10$ 时 a_n 最大.

【点评】 数列是一种特殊的函数，研究其最值问题可借助对应函数的单调性，但要注意数列的特殊性——定义域为正整数集或其有限子集.

跟踪练习

已知 $f(x)=\ln x+1-a\mathrm{e}^x$，若关于 x 的不等式 $f(x)<0$ 恒成立，则实数 a 的取值范围是 ( )

A. $\left(-\infty,\dfrac{1}{\mathrm{e}}\right)$　　B. $(-\infty,0)$

C. $\left[\dfrac{1}{\mathrm{e}},+\infty\right)$　　D. $\left(\dfrac{1}{\mathrm{e}},+\infty\right)$

【解析】 由 $f(x)<0$ 恒成立得 $a>\dfrac{\ln x+1}{\mathrm{e}^x}$ 恒成立.

设 $h(x)=\dfrac{\ln x+1}{\mathrm{e}^x}$，则 $h'(x)=\dfrac{\frac{1}{x}-\ln x-1}{\mathrm{e}^x}$.

设 $g(x)=\dfrac{1}{x}-\ln x-1$，则 $g'(x)=-\dfrac{1}{x^2}-\dfrac{1}{x}<0$ 恒成立.

所以 $g(x)$ 在 $(0,+\infty)$ 内单调递减.

又 $g(1)=0$，所以当 $0<x<1$ 时，$g(x)>g(1)=0$，即 $h'(x)>0$；

当 $x>1$ 时，$g(x)<g(1)=0$，即 $h'(x)<0$.

故 $h(x)$ 在 $(0,1)$ 内单调递增，在 $(1,+\infty)$ 内单调递减.

所以 $h(x)_{\max}=h(1)=\frac{1}{e}$，故 $a>\frac{1}{e}$. 故选 D.

六、利用单调性判断零点个数

例 6 已知函数 $f(x)=\ln x$，$g(x)=e^x$.

(1) 若函数 $\varphi(x)=f(x)-\frac{x+1}{x-1}$，求函数 $\varphi(x)$ 的单调区间；

(2) 设直线 l 为函数 $f(x)$ 的图象上点 $A(x_0,f(x_0))$ 处的切线，证明：在区间 $(1,+\infty)$ 内存在唯一的 x_0，使得直线 l 与曲线 $y=g(x)$ 相切.

【解析】 (1) $\varphi(x)=f(x)-\frac{x+1}{x-1}=\ln x-\frac{x+1}{x-1}$，

$\varphi'(x)=\frac{1}{x}+\frac{2}{(x-1)^2}=\frac{x^2+1}{x(x-1)^2}$.

因为 $x>0$ 且 $x\neq1$，所以 $\varphi'(x)>0$.

所以函数 $\varphi(x)$ 的单调递增区间为 $(0,1)$ 和 $(1,+\infty)$.

(2) 因为 $f'(x)=\frac{1}{x}$，所以 $f'(x_0)=\frac{1}{x_0}$.

故切线方程为 $y-\ln x_0=\frac{1}{x_0}(x-x_0)$，即 $y=\frac{1}{x_0}x+\ln x_0-1$ ①.

设直线 l 与曲线 $y=g(x)$ 相切于点 (x_1,e^{x_1}).

因为 $g'(x)=e^x$，所以 $e^{x_1}=\frac{1}{x_0}$，所以 $x_1=-\ln x_0$.

所以 $g(x_1)=e^{-\ln x_0}=\frac{1}{x_0}$.

故直线 l 的方程为 $y-\frac{1}{x_0}=\frac{1}{x_0}(x+\ln x_0)$，即 $y=\frac{1}{x_0}x+\frac{\ln x_0}{x_0}+\frac{1}{x_0}$ ②.

由①②得 $\ln x_0-1=\frac{\ln x_0}{x_0}+\frac{1}{x_0}$，所以 $\ln x_0=\frac{x_0+1}{x_0-1}$.

下证：在区间 $(1,+\infty)$ 内 x_0 存在且唯一.

由(1)可知 $\varphi(x)=\ln x-\frac{x+1}{x-1}$ 在区间 $(1,+\infty)$ 内递增.

又 $\varphi(\mathrm{e})=\ln\mathrm{e}-\frac{\mathrm{e}+1}{\mathrm{e}-1}=\frac{-2}{\mathrm{e}-1}<0$，$\varphi(\mathrm{e}^2)=\ln\mathrm{e}^2-\frac{\mathrm{e}^2+1}{\mathrm{e}^2-1}=\frac{\mathrm{e}^2-3}{\mathrm{e}^2-1}>0$，结合零点存在性定理，说明方程 $\varphi(x)=0$ 必在区间 $(\mathrm{e},\mathrm{e}^2)$ 内有唯一的根，这个根就是所求的唯一 x_0，故结论成立.

【点评】 若函数 $f(x)$ 在区间 (a,b) 内满足零点存在性定理，并且 $f(x)$ 在区间 (a,b) 内单调，则易知 $f(x)$ 在区间 (a,b) 内存在唯一零点. 我们常用此方法研究零点的唯一性问题.

跟踪练习

当 $x\in\left(\frac{1}{2},1\right)$ 时，方程 $x^n+x^{n-1}+\cdots+x=1(n\geqslant 2,n\in\mathbf{N})$ 实根的个数为（　　）

A. 0　　B. 1　　C. 2　　D. 3

【解析】 令 $f(x)=x^n+x^{n-1}+\cdots+x-1(n\geqslant 2,n\in\mathbf{N})$，则

$$f\left(\frac{1}{2}\right)=\frac{\frac{1}{2}\left[1-\left(\frac{1}{2}\right)^n\right]}{1-\frac{1}{2}}-1=-\left(\frac{1}{2}\right)^n<0,\ f(1)=n-1>0.$$

由零点存在性定理可知 $f(x)=x^n+x^{n-1}+\cdots+x-1(n\geqslant 2,n\in\mathbf{N})$ 在 $\left(\frac{1}{2},1\right)$ 内至少有一个零点.

又 $f'(x)=nx^{n-1}+(n-1)x^{n-2}+\cdots+1>0(n\geqslant 2,n\in\mathbf{N})$，故 $f(x)$ 在 $\left(\frac{1}{2},1\right)$ 内单调递增.

因此，当 $x\in\left(\frac{1}{2},1\right)$ 时，函数 $f(x)$ 有唯一的零点，即当 $x\in$

$\left(\frac{1}{2},1\right)$时，方程 $x^n+x^{n-1}+\cdots+x=1(n\geqslant 2,n\in\mathbf{N})$实根的个数为 1.
故选 B.

七、利用单调性证明不等式

例 7 若函数 $f(x)=ax-\ln x(a\in\mathbf{R})$有两个零点 x_1,x_2，证明 $\frac{1}{\ln x_1}+\frac{1}{\ln x_2}>2$.

【证明】 函数 $f(x)$有两个零点 x_1,x_2，不妨设 $x_1<x_2$，则 $ax_1-\ln x_1=0,ax_2-\ln x_2=0$，故 $\ln x_2-\ln x_1=a(x_2-x_1)$.

要证$\frac{1}{\ln x_1}+\frac{1}{\ln x_2}>2$，只需证$\frac{1}{x_1}+\frac{1}{x_2}>2a$，即证$\frac{x_1+x_2}{2x_1x_2}>a$.

即证$\frac{x_1+x_2}{2x_1x_2}>\frac{\ln x_2-\ln x_1}{x_2-x_1}$，也即证$\frac{x_2^2-x_1^2}{2x_1x_2}>\ln\frac{x_2}{x_1}$.

只需证 $\ln\frac{x_2}{x_1}<\frac{1}{2}\left(\frac{x_2}{x_1}-\frac{x_1}{x_2}\right)$.

令 $t=\frac{x_2}{x_1}$，则 $t>1$，即证 $\ln t<\frac{1}{2}\left(t-\frac{1}{t}\right)$.

设 $\varphi(t)=\ln t-\frac{1}{2}\left(t-\frac{1}{t}\right)$，则 $\varphi'(t)=\frac{2t-t^2-1}{2t^2}<0$.

即 $\varphi(t)$在$(1,+\infty)$内单调递减，则 $\varphi(t)<\varphi(1)=0$.

即得$\frac{1}{\ln x_1}+\frac{1}{\ln x_2}>2$.

【点评】 解题时将 x_1,x_2所满足的关系式代入$\frac{1}{\ln x_1}+\frac{1}{\ln x_2}>2$可得$\frac{x_1+x_2}{2x_1x_2}>\frac{\ln x_2-\ln x_1}{x_2-x_1}$，此不等式中有两个变量 x_1,x_2. 将式子变形后，把$\frac{x_2}{x_1}$看作一个变元，进行合元构造出 t，从而转化为研究关于 t 的函数的单调性即可.

跟踪练习

已知函数 $f(x)=e^x+ax-1$.求证:当 $x>0$ 且 $a>-1$ 时,$f(x)>f(-x)$.

【证明】 令 $h(x)=f(x)-f(-x)=e^x-\frac{1}{e^x}+2ax(x\geqslant 0)$,则

$$h'(x)=e^x+\frac{1}{e^x}+2a.$$

由 $e^x+\frac{1}{e^x}+2a\geqslant 2\sqrt{e^x\cdot\frac{1}{e^x}}+2a=2+2a$,当且仅当 $x=0$ 时等号成立.

又 $a>-1$,所以 $h'(x)=e^x+\frac{1}{e^x}+2a>0$.

所以 $h(x)=e^x-\frac{1}{e^x}+2ax$ 在区间$[0,+\infty)$上是增函数.

又 $h(0)=0$,故当 $x>0$ 时,$h(x)=e^x-e^{-x}+2ax>0$,即 $e^x+ax>e^{-x}-ax$,即当 $x>0$ 且 $a>-1$ 时,$f(x)>f(-x)$.

【点评】 证明不等式 $f(x)>g(x)(x\in I)$时,一般可构造函数 $H(x)=f(x)-g(x)(x\in I)$,这样就可转化为证明 $x\in I$ 上函数 $H(x)>0$ 成立,可以通过研究 $H(x)$的单调性进行证明.

三次函数问题解题策略探析

形如 $f(x)=ax^3+bx^2+cx+d(a\neq 0)$ 的函数称为三次函数.它是一种重要的多项式函数,并且由于它的导函数为二次函数,而二次函数、一元二次不等式是高中数学的重点内容,所以三次函数问题是各类考题常涉及的考点.

一、三次函数的单调性

$f(x)=ax^3+bx^2+cx+d(a\neq 0)$ 的导函数为 $f'(x)=3ax^2+2bx+c(a\neq 0)$,则其导函数的判别式为 $\Delta=4b^2-12ac$.易知当 $\Delta=4b^2-12ac\leqslant 0$ 时,三次函数 $f(x)=ax^3+bx^2+cx+d(a\neq 0)$ 在 $\mathbf{R}$ 上为单调函数;当 $\Delta=4b^2-12ac>0$ 时,三次函数 $f(x)=ax^3+bx^2+cx+d(a\neq 0)$ 在 $\mathbf{R}$ 上存在三个单调区间,这时一般要根据 $a>0$,$a<0$ 两种不同的情况分类讨论.

例 1 求函数 $f(x)=\dfrac{1}{3}x^3+(a-2)x^2+a^2x-1$ 的单调递增区间.

【分析】 解导数对应的不等式时,不等式对应的一元二次方程不能分解因式,因此无法确定对应方程是否有根,要通过讨论对应方程根的情况来确定不等式的解集,从而得到函数的单调递增区间.

【解析】 函数 $f'(x)=x^2+(2a-4)x+a^2$,令 $f'(x)>0$,即 $x^2+(2a-4)x+a^2>0$,$\Delta=(2a-4)^2-4a^2=-16(a-1)$.

(1) 当 $\Delta>0$，即 $-16(a-1)>0$ 时，$a<1$，对应方程的两个根为 $\dfrac{-(2a-4)\pm\sqrt{16(1-a)}}{2}=(2-a)\pm2\sqrt{1-a}$，故原不等式的解为 $x<2-a-2\sqrt{1-a}$ 或 $x>2-a+2\sqrt{1-a}$. 这时 $f(x)$ 的递增区间为 $(-\infty,2-a-2\sqrt{1-a})$ 和 $(2-a+2\sqrt{1-a},+\infty)$.

(2) 当 $\Delta\leqslant0$，即 $-16(a-1)\leqslant0$ 时，$a\geqslant1$，原不等式变为 $f'(x)\geqslant0$，函数 $f(x)$ 的递增区间为 $(-\infty,+\infty)$.

综上可知，当 $a<1$ 时，$f(x)$ 的递增区间为 $(-\infty,2-a-2\sqrt{1-a})$ 和 $(2-a+2\sqrt{1-a},+\infty)$；当 $a\geqslant1$ 时，$f(x)$ 的递增区间为 $(-\infty,+\infty)$.

【点评】 三次函数求导后为二次函数，因此研究三次函数的单调性即研究一元二次不等式的解法. 本题中导函数对应的不等式不能分解因式，因此方程根的情况不能确定，应首先对根的情况(判别式)进行讨论.

跟踪练习

已知函数 $f(x)=ax^3-3x^2+1-\dfrac{3}{a}$，讨论函数 $f(x)$ 的单调性.

【解析】 由条件可知 $a\neq0$，$f'(x)=3ax^2-6x=3ax\left(x-\dfrac{2}{a}\right)$.

所以当 $a>0$ 时，由 $f'(x)>0$ 可得 $x<0$ 或 $x>\dfrac{2}{a}$；由 $f'(x)<0$ 可得 $0<x<\dfrac{2}{a}$.

故 $f(x)$ 在 $(-\infty,0)$，$\left(\dfrac{2}{a},+\infty\right)$ 内是增函数，在 $\left(0,\dfrac{2}{a}\right)$ 内是减函数.

当 $a<0$ 时，由 $f'(x)<0$ 可得 $x<\dfrac{2}{a}$ 或 $x>0$；由 $f'(x)>0$ 可得

$\frac{2}{a}<x<0$.

故 $f(x)$ 在 $\left(-\infty,\frac{2}{a}\right)$，$(0,+\infty)$ 内是减函数，在 $\left(\frac{2}{a},0\right)$ 内是增函数.

综上所述，当 $a>0$ 时，$f(x)$ 在 $(-\infty,0)$，$\left(\frac{2}{a},+\infty\right)$ 内是增函数，在 $\left(0,\frac{2}{a}\right)$ 内是减函数；

当 $a<0$ 时，$f(x)$ 在 $\left(-\infty,\frac{2}{a}\right)$，$(0,+\infty)$ 内是减函数，在 $\left(\frac{2}{a},0\right)$ 内是增函数.

二、三次函数的最值及其应用

求函数 $f(x)=ax^3+bx^2+cx+d(a\neq 0)$，$x\in[m,n]$ 的最值，比较使 $f'(x_0)=0$ 成立的 x_0 处的函数值 $f(x_0)$，以及 $f(m)$，$f(n)$ 的大小即可，其中最大的为最大值，最小的为最小值.

例 2 已知 $f(x)=x^3-\frac{1}{2}x^2-2x+5$，当 $x\in[-1,2]$ 时，$f(x)=x^3-\frac{1}{2}x^2-2x+5<a$ 恒成立，求实数 a 的取值范围.

【解析】 因为 $f(x)=x^3-\frac{1}{2}x^2-2x+5$，所以 $f'(x)=3x^2-x-2$.

令 $f'(x)=0$，即 $3x^2-x-2=0$，解得 $x=1$ 或 $x=-\frac{2}{3}$.

当 x 变化时，$f'(x)$ 及 $f(x)$ 的变化情况见下表：

x	$\left(-1,-\frac{2}{3}\right)$	$-\frac{2}{3}$	$\left(-\frac{2}{3},1\right)$	1	(1,2)
$f'(x)$	+	0	−	0	+
$f(x)$	单调递增	$\frac{157}{27}$	单调递减	$\frac{7}{2}$	单调递增

所以当 $x=-\frac{2}{3}$ 时，$f(x)$ 取得极大值 $f\left(-\frac{2}{3}\right)=\frac{157}{27}$；

当 $x=1$ 时，$f(x)$ 取得极小值 $f(1)=\frac{7}{2}$.

又 $f(-1)=\frac{11}{2}$，$f(2)=7$.

所以 $f(x)$ 在 $[-1,2]$ 上的最大值为 $f(2)=7$.

要使 $f(x)<a$ 恒成立，需 $f(x)_{\max}<a$，即 $a>7$.

故实数 a 的取值范围是 $(7,+\infty)$.

【点评】 解决本题须把握以下两个方面：(1) 研究三次函数在闭区间上的最值时，先求其极值，然后将极值与端点处的函数值进行比较即可. 当然本题也可直接比较导数为零的点处的函数值 $f\left(-\frac{2}{3}\right)$，$f(1)$，以及端点处的函数值 $f(-1)$，$f(2)$ 的大小. (2) $a>f(x)$ 对 $\forall x\in I$ 恒成立，只需满足 $a>f(x)_{\max}$ 即可.

跟踪练习

某种商品的价格每个月都有所调整，从 2022 年元月开始的第 x 个月，此商品的价格 $f(x)=\frac{1}{2}(x^2-12x+69)$（$x\in\mathbf{N}$，$x\leqslant 12$，价格单位：元），且第 x 个月该商品的销售量 $g(x)=x+12$（单位：万件）.

(1) 2022 年的最低价格是多少？

(2) 2022 年哪个月的销售收入最少？

【解析】 (1) 因为 $f(x)=\frac{1}{2}[(x-6)^2+33]$，所以当 $x=6$ 时，

$f(x)$取得最小值,即第 6 个月的价格最低,最低价格为 16.5 元.

(2) 设第 x 个月的销售收入为 y(万元),依题意有

$$y=\frac{1}{2}(x^2-12x+69)(x+12)=\frac{1}{2}(x^3-75x+828).$$

因为 $y'=\frac{1}{2}(3x^2-75)=\frac{3}{2}(x+5)(x-5)$,所以

当 $1\leqslant x\leqslant 5$ 时,$y'\leqslant 0$,函数单调递减;

当 $5\leqslant x\leqslant 12$ 时,$y'\geqslant 0$,函数单调递增.

故当 $x=5$ 时,即第 5 个月的销售收入最少.

三、利用极值研究三次函数的零点(三次方程的根)

三次函数 $f(x)=ax^3+bx^2+cx+d(a\neq 0)$的图象大多是一个类似于或的“双峰”形状. 以下面几个图象为例来研究函数的零点或方程根的情况.

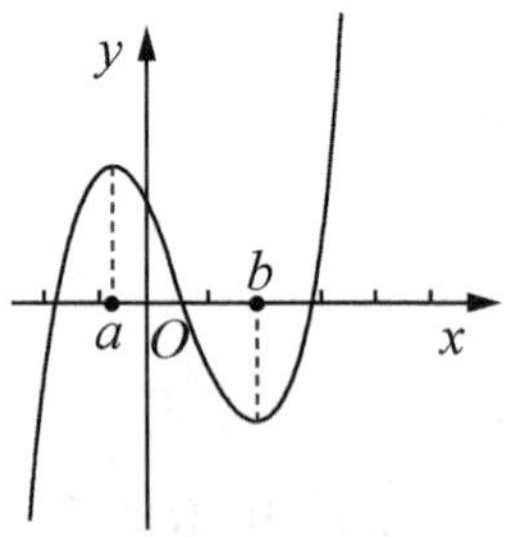

图 1

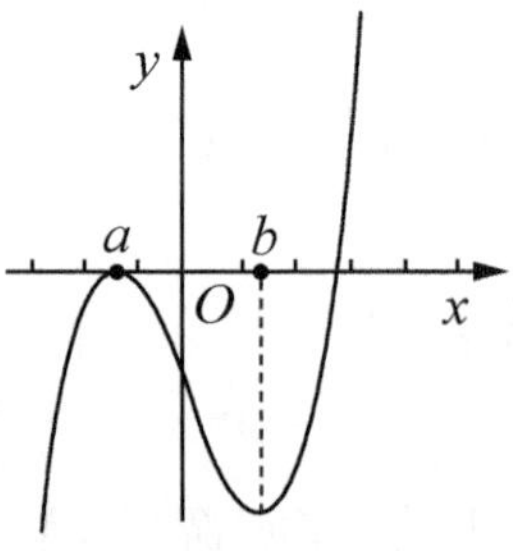

图 2

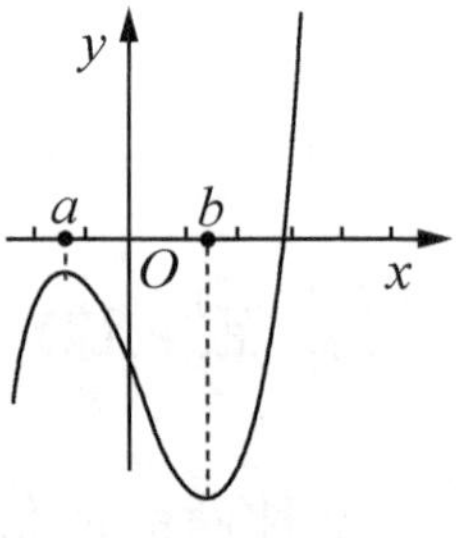

图 3

通过分析可发现,方程根的个数与对应函数在极值点处的取值情况密切相关. 设图中两个极值点 a,b 处的函数值分别为 $f(a)$和 $f(b)$,则

图 1 中 $f(a)f(b)<0\Leftrightarrow f(x)$有三个零点$\Leftrightarrow f(x)=0$ 有三个根;

图 2 中 $f(a)f(b)=0\Leftrightarrow f(x)$有两个零点$\Leftrightarrow f(x)=0$ 有两个根;

图 3 中 $f(a)f(b)>0\Leftrightarrow f(x)$有一个零点$\Leftrightarrow f(x)=0$ 有一个根.

例 3 已知函数 $f(x)=ax^3-3x^2+1$,若 $f(x)$存在唯一的零点 x_0,且 $x_0>0$,则 a 的取值范围是 ( )

A. $(2,+\infty)$ B. $(-\infty,-2)$

C. $(1,+\infty)$ D. $(-\infty,-1)$

【分析】 首先可根据题意画出 $f(x)$的大致图象,利用图象探寻所满足的条件. 要画出此类函数的图象显然要借助导数,利用导数研究其单调性、极值等性质.

【解析】 $f'(x)=3ax^2-6x=3x(ax-2)$.

显然 $a\neq0$,当 $a>0$ 时,令 $f'(x)>0$,则 $3x\left(x-\dfrac{2}{a}\right)>0$,解得 $x>\dfrac{2}{a}$或 $x<0$.

因此,函数 $f(x)$ 在 $(-\infty,0)$,$\left(\dfrac{2}{a},+\infty\right)$内单调递增,在 $\left(0,\dfrac{2}{a}\right)$内单调递减.

另外,注意到 $f(0)=1$,可画出大致图象如图(1)所示,这时函数 $f(x)$在 y 轴左侧一定有零点,因此不符合题意,故 $a<0$.

当 $a<0$ 时,令 $f'(x)>0$,则 $3x\left(x-\dfrac{2}{a}\right)<0$,解得$\dfrac{2}{a}<x<0$.

因此,函数 $f(x)$在$\left(\dfrac{2}{a},0\right)$内单调递增,在$\left(-\infty,\dfrac{2}{a}\right)$,$(0,+\infty)$内单调递减.

另外,注意到 $f(0)=1$,可画出大致图象如图(2)所示. 由题意可知 $f\left(\dfrac{2}{a}\right)>0$,故 $a\left(\dfrac{2}{a}\right)^3-3\left(\dfrac{2}{a}\right)^2+1>0$,解得 $a>2$(舍)或 $a<-2$.

故 a 的取值范围为$(-\infty,-2)$. 故选 B.

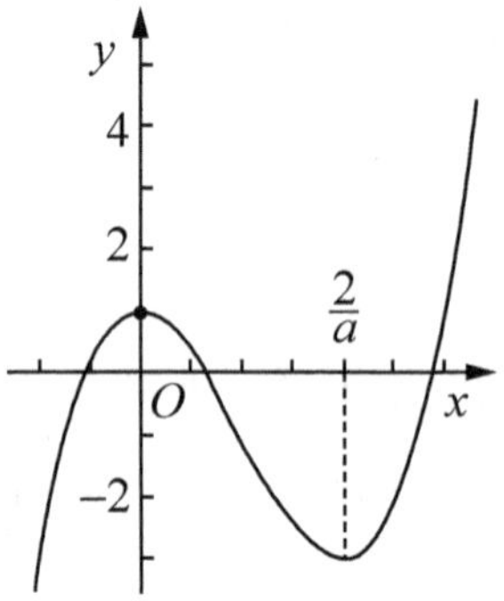

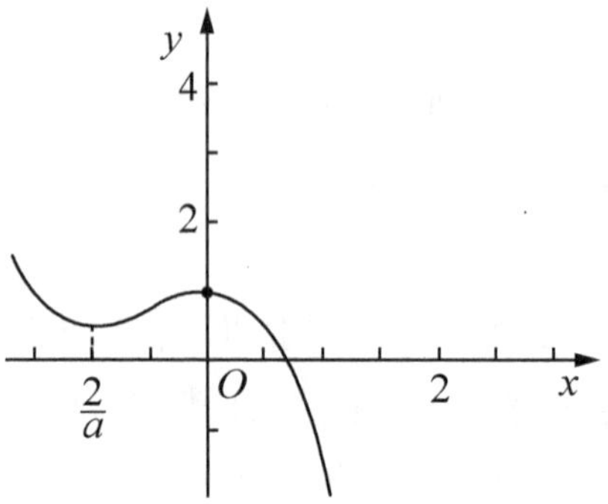

例 3 解析图

【点评】 (1) 图象是解题的"灵魂",当然这个"灵魂"依附的是导数,因此解决此类问题要注意导数的工具作用,并灵活应用数形结合的数学思想.

(2) 如果将本题变为以下形式:已知方程 $ax^3-3x^2+1=0$ 有且仅有一个根,且为正根,求实数 a 的取值范围.根据函数与方程的关系,其解决方法与上述方法相同.解题时要学会举一反三.

跟踪练习

讨论三次方程 $x^3-9x-a=0$ 解的个数,其中 a 为常数.

【解析】 设方程对应的函数为 $f(x)=x^3-9x-a$,则 $f'(x)=3x^2-9$.令 $f'(x)=0$,则 $x=\pm\sqrt{3}$,即函数 $f(x)$有两个极值点 $x_1=\sqrt{3}$,$x_2=-\sqrt{3}$.

(1) 若 $f(\sqrt{3})f(-\sqrt{3})<0$,对应方程有三个解,解得 $-6\sqrt{3}<a<6\sqrt{3}$;

(2) 若 $f(\sqrt{3})f(-\sqrt{3})=0$,对应方程有两个解,解得 $a=-6\sqrt{3}$ 或 $a=6\sqrt{3}$;

(3) 若 $f(\sqrt{3})f(-\sqrt{3})>0$,对应方程有一个解,解得 $a>6\sqrt{3}$或 $a<-6\sqrt{3}$.

综上可知，当$-6\sqrt{3}<a<6\sqrt{3}$时，方程有三个解；当$a=-6\sqrt{3}$或$a=6\sqrt{3}$时，方程有两个解；当$a>6\sqrt{3}$或$a<-6\sqrt{3}$时，方程有一个解.

四、三次函数性质的综合应用

三次函数性质的综合应用，着重考查导数的几何意义，利用导数研究函数的单调性、极值、最值等，充分体现了对数形结合思想、分类讨论思想及化归转化思想的综合应用.

例 4　已知函数$f(x)=ax^3+bx^2-3x(a,b\in\mathbf{R})$在点$(1,f(1))$处的切线方程为$y+2=0$.

(1) 求函数$f(x)$的解析式；

(2) 若对于区间$[-2,2]$上任意两个自变量的值x_1,x_2，都有$|f(x_1)-f(x_2)|\leqslant c$，求实数$c$的最小值；

(3) 若过点$M(2,m)(m\neq 2)$可作曲线$y=f(x)$的三条切线，求实数m的取值范围.

解　(1) $f'(x)=3ax^2+2bx-3$.

根据题意，得$\begin{cases}f(1)=-2,\\f'(1)=0,\end{cases}$即$\begin{cases}a+b-3=-2,\\3a+2b-3=0,\end{cases}$解得$\begin{cases}a=1,\\b=0.\end{cases}$

所以$f(x)=x^3-3x$.

(2) 令$f'(x)=0$，即$3x^2-3=0$，得$x=\pm 1$.

列表如下：

x	-2	$(-2,-1)$	-1	$(-1,1)$	1	$(1,2)$	2
$f'(x)$		$+$	0	$-$	0	$+$	
$f(x)$	-2	增	极大值	减	极小值	增	2

因为$f(-1)=2$，$f(1)=2$，所以当$x\in[-2,2]$时，$f(x)_{\max}=2$，$f(x)_{\min}=-2$.

对于区间[－2,2]上任意两个自变量的值 x_1，x_2，都有 $|f(x_1)-f(x_2)|\leqslant|f(x)_{\max}-f(x)_{\min}|=4$.

所以 $c\geqslant4$，即 c 的最小值为 4.

(3) 因为点 $M(2,m)(m\neq2)$ 不在曲线 $y=f(x)$ 上，所以可设切点为 (x_0,y_0)，则 $y_0=x_0^3-3x_0$.

因为 $f'(x_0)=3x_0^2-3$，所以切线的斜率为 $3x_0^2-3$.

故 $3x_0^2-3=\dfrac{x_0^3-3x_0-m}{x_0-2}$，即 $2x_0^3-6x_0^2+6+m=0$.

因为过点 $M(2,m)(m\neq2)$ 可作曲线 $y=f(x)$ 的三条切线，所以方程 $2x_0^3-6x_0^2+6+m=0$ 有三个不同的实数解.

所以函数 $g(x)=2x^3-6x^2+6+m$ 有三个不同的零点.

$g'(x)=6x^2-12x$，令 $g'(x)=0$，则 $x=0$ 或 $x=2$.

列表如下：

x	$(-\infty,0)$	0	$(0,2)$	2	$(2,+\infty)$
$g'(x)$	+	0	−	0	+
$g(x)$	增	极大值	减	极小值	增

所以 $\begin{cases}g(0)>0,\\g(2)<0,\end{cases}$ 即 $\begin{cases}6+m>0,\\-2+m<0,\end{cases}$ 解得 $-6<m<2$.

【点评】 解题时注意对转化思想的运用：(1) 将“对于区间[－2,2]上任意两个自变量的值 x_1，x_2，都有 $|f(x_1)-f(x_2)|\leqslant c$”转化为“$c\geqslant|f(x)_{\max}-f(x)_{\min}|$ 在[－2,2]上恒成立”，即转化为求 $f(x)$ 在[－2,2]上的最值问题；(2) 将“过点 $M(2,m)(m\neq2)$ 可作曲线 $y=f(x)$ 的三条切线”转化为满足条件的切点 x_0 有三个，即对应方程有三个根.

跟踪练习

已知函数 $f(x)=x^3-3x^2+ax+2$，曲线 $y=f(x)$ 在点 $(0,2)$ 处的切线与 x 轴交点的横坐标为 -2.

(1) 求 a；

(2) 证明：当 $k<1$ 时，曲线 $y=f(x)$ 与直线 $y=kx-2$ 只有一个交点.

【解析】 (1) $f'(x)=3x^2-6x+a$，$f'(0)=a$.

曲线 $y=f(x)$ 在点 $(0,2)$ 处的切线方程为 $y=ax+2$.

由题设得 $-\dfrac{2}{a}=-2$，所以 $a=1$.

(2) 由(1)知 $f(x)=x^3-3x^2+x+2$.

设 $g(x)=f(x)-kx+2=x^3-3x^2+(1-k)x+4$.

由题设知 $1-k>0$.

当 $x\leqslant 0$ 时，$g'(x)=3x^2-6x+1-k>0$，$g(x)$ 单调递增，$g(-1)=k-1<0$，$g(0)=4>0$.

所以 $g(x)=0$ 在 $(-\infty,0]$ 上有唯一实根.

当 $x>0$ 时，令 $h(x)=x^3-3x^2+4$，则 $g(x)=h(x)+(1-k)x>h(x)$.

$h'(x)=3x^2-6x=3x(x-2)$，$h(x)$ 在 $(0,2)$ 内单调递减，在 $(2,+\infty)$ 内单调递增.

所以 $g(x)>h(x)\geqslant h(2)=0$，所以 $g(x)=0$ 在 $(0,+\infty)$ 内没有实根.

综上所述，当 $k<1$ 时，$g(x)=0$ 在 $\mathbf{R}$ 上有唯一实根，即曲线 $y=f(x)$ 与直线 $y=kx-2$ 只有一个交点.

函数与其导函数图象间的关联探析

函数与其导函数之间的关系密切，函数的单调性、极值、最值等性质都可用其导函数来研究，因此函数的图象与其导函数的图象之间也有关联. 这些关联在解题中也常常用到. 下面通过几个典型例题来体会函数与其导函数图象间的关联及应用.

一、由 $f(x)$ 确定 $f'(x)$

例 1 如果函数 $y=f(x)$ 的图象如图所示，那么导函数 $y=f'(x)$ 的图象可能是 （　　）

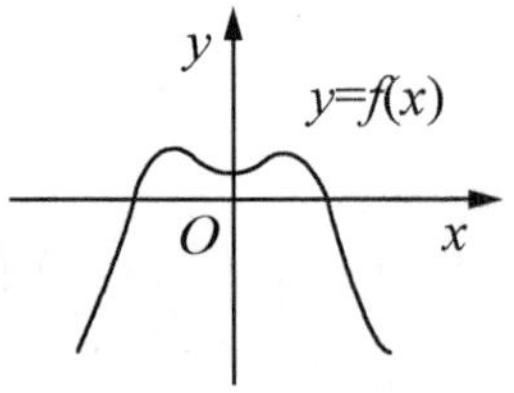

例 1 图

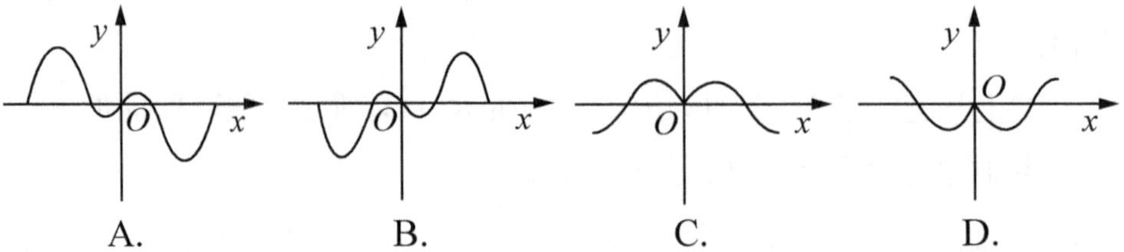

【分析】 依据函数 $y=f(x)$ 的单调性与 $y=f'(x)$ 函数值的正负之间的关联进行选择即可.

【解析】 函数 $y=f(x)$ 的单调性从左到右依次为增→减→增→减，因此 $y=f'(x)$ 的函数值的正负相应地满足：正→负→正→负. 易知只有 A 符合要求.

【点评】 判断函数的增减性，一般借助函数增减性与其导数之间的关系：原函数为增，其导数在相应区间上为正；原函数为减，其导函数在相应区间上为负.

二、由 $f'(x)$ 确定 $f(x)$

例 2 如果函数 $y=f(x)$ 的导函数的图象如图所示，给出下列判断：

① 函数 $y=f(x)$ 在区间 $\left(-3,-\frac{1}{2}\right)$ 内单调递增；

② 函数 $y=f(x)$ 在区间 $\left(-\frac{1}{2},3\right)$ 内单调递减；

③ 函数 $y=f(x)$ 在区间 $(4,5)$ 内单调递增；

④ 当 $x=2$ 时，函数 $y=f(x)$ 有极小值；

⑤ 当 $x=-\frac{1}{2}$ 时，函数 $y=f(x)$ 有极大值.

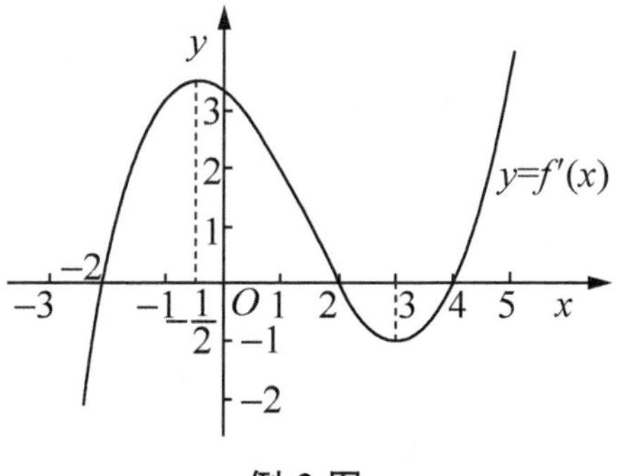

例 2 图

上述判断正确的是 ( )

A. ①② B. ②③ C. ③④⑤ D. ③

【分析】 本题给出的是导函数的图象，可根据导函数函数值的正负来确定函数的单调性，导函数函数值变号处就是函数的极值点.

【解析】 当 $x\in\left(-3,-\frac{1}{2}\right)$时，$f'(x)<0$，$f(x)$单调递减，故①错. 当 $x\in\left(-\frac{1}{2},2\right)$时，$f'(x)>0$，$f(x)$单调递增；当 $x\in(2,3)$时，$f'(x)<0$，$f(x)$单调递减，故②错. 当 $x\in(4,5)$时，$f'(x)>0$，$f(x)$单调递增，故③正确. 当 $x=2$ 时，函数 $f(x)$有极大值，故④错. 当 $x=-\frac{1}{2}$时，函数 $f(x)$无极值，故⑤错. 故选 D.

【点评】 注意题目给出的是导函数 $f'(x)$的图象，不要误认为是 $f(x)$的图象. 若本题给出的是 $f(x)$的图象，则①②③⑤是正确的. 注意区分，避免混淆.

例 3 设函数 $f(x)=ax^2+bx+c(a,b,c\in\mathbf{R})$，若 $x=-1$ 为函数 $f(x)\cdot e^x$ 的一个极值点，则下列图象不可能为 $y=f(x)$的图象的是 （　　）

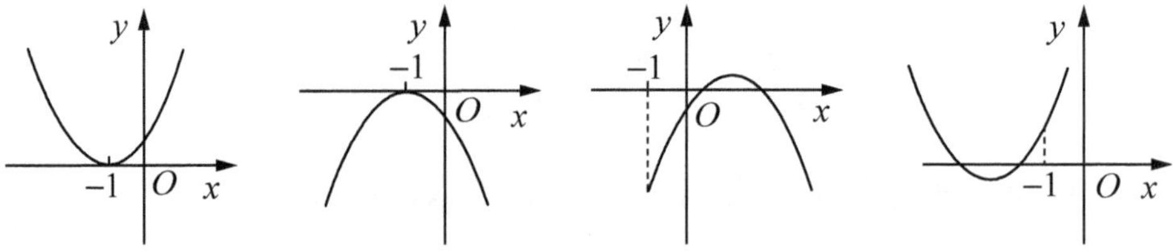

【分析】 本题给出了函数 $f(x)\cdot e^x$ 的一个极值点，由此来确定函数 $y=f(x)$的图象，解题时应抓住 $x=-1$ 处函数的特征.

【解析】 设 $F(x)=f(x)\cdot e^x$，则 $F'(x)=e^x[f'(x)+f(x)]$. 因为 $x=-1$ 是 $F(x)$的一个极值点，所以 $F'(-1)=0$，故 $f'(-1)+f(-1)=0$. 观察各个图象可知，选项 D 中，$f'(-1)>0$，$f(-1)>0$，故 $f'(-1)+f(-1)>0$ 不满足 $f'(-1)+f(-1)=0$. 因此选 D.

【点评】 由于极值点处的函数值为零，所以 $f'(-1)+f(-1)=0$，即 $x=-1$ 处的函数值与其导数值符号相反，由此进行判断. 注意

$f'(-1)$的正负可由 $x=-1$ 处曲线切线的斜率来确定，显然选项 A，B 中 $f'(-1)=0$，选项 C，D 中 $f'(-1)>0$.

例 4 已知函数 $y=f(x)$的图象是下列四个图象之一，且其导函数 $y=f'(x)$的图象如图所示，则该函数的图象是 （　　）

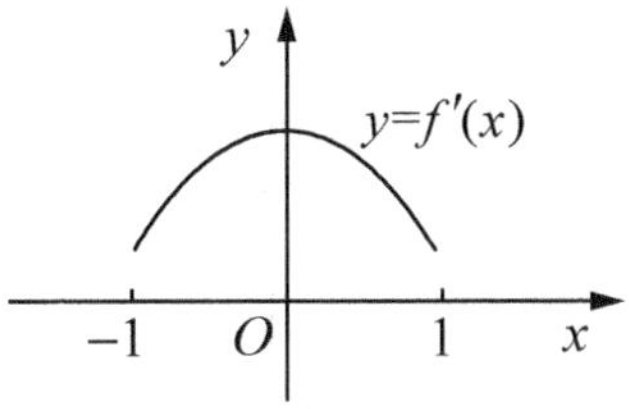

例 4 图

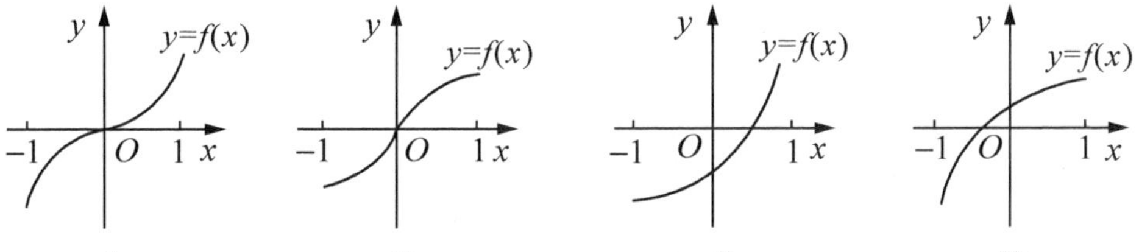

【分析】 由导函数的符号及单调性来判断函数的增减性及变化的快慢.

【解析】 在$(-1,1)$内 $f'(x)>0$，因此函数 $y=f(x)$在$(-1,1)$内是增函数，易知四个选项都符合. 在$(-1,0)$内，$f'(x)$单调递增，故 $y=f(x)$在$(-1,0)$内增加得越来越快，函数图象应为指数增长模式[也可利用 $f(x)$图象的切线斜率呈递增趋势来判断]. 在$(0,1)$内，$f'(x)$单调递减，故 $y=f(x)$在$(0,1)$内增加得越来越慢，函数图象应为对数增长模式[也可利用 $f(x)$图象的切线斜率呈递减趋势来判断]. 故选 B.

【点评】 导函数的单调性体现了函数变化的快慢. 如果导函数 $y=f'(x)$在某个区间内函数值为正，若 $f'(x)$为增函数，则函数 $y=f(x)$在相应区间上增加得应越来越快，函数切线的斜率也会逐渐增大；若$y=f'(x)$为减函数，则函数 $y=f(x)$在相应区间上增加得越来越慢，函数切线的斜率也会逐渐减小.

三、综合应用

例 5 已知函数 $f(x)$的定义域为$[-1,5]$，部分对应值见下表：

x	-1	0	2	4	5
y	1	2	0	2	1

$f(x)$的导函数 $y=f'(x)$的图象如图所示：

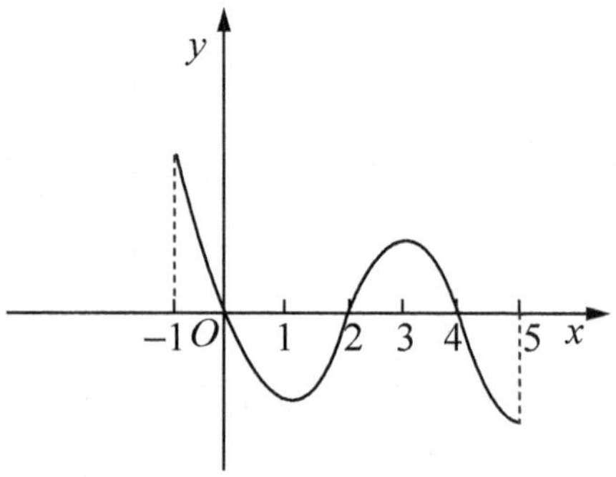

例 5 图

(1) $f(x)$的极小值为________；

(2) 若函数 $y=f(x)-a$ 有 4 个零点，则实数 a 的取值范围为________.

【分析】 根据图象找到导函数值由负变正的点，即为函数的极小值点；根据函数 $y=f(x)-a$ 的零点求实数 a 的取值范围，可由导函数的图象画出函数 $y=f(x)$的图象，通过图象观察实数 a 的取值范围.

【解析】 (1) 由 $y=f'(x)$的图象可知，$f'(x)$与 $f(x)$随 x 的变化情况见下表：

x	$(-1,0)$	0	$(0,2)$	2	$(2,4)$	4	$(4,5)$
$f'(x)$	+	0	−	0	+	0	−
$f(x)$	↗	极大值	↘	极小值	↗	极大值	↘

所以 $f(2)$ 为 $f(x)$ 的极小值，且 $f(2)=0$.

(2) $y=f(x)$ 的大致图象如图所示：

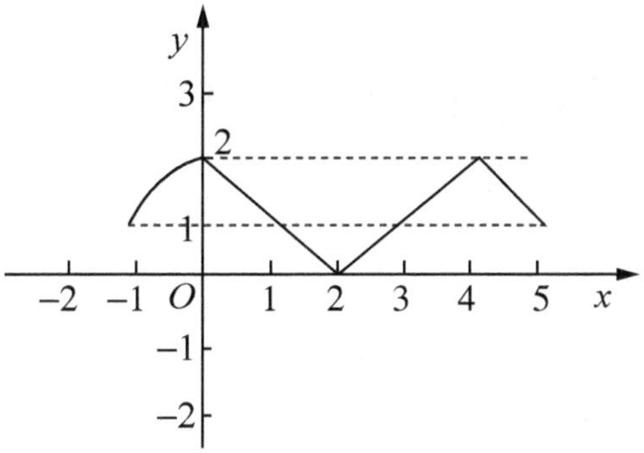

例 5 解析图

若函数 $y=f(x)-a$ 有 4 个零点，则实数 a 的取值范围为 $[1,2]$.

【点评】 本题根据 $y=f'(x)$ 的图象画出 $y=f(x)$ 的图象，利用数形结合的数学思想来求解参数的取值范围，也体现了函数与方程思想的应用.

集合和函数部分高频考点解题策略探析

集合与函数是高中数学学习的起点，集合是数学的一种基本语言和工具，函数是高中数学的主线，这两部分内容的重要性和地位是无可比拟的. 下面结合典型例题来归纳一下这两部分的高频考点.

一、对集合的考查

对集合的考查侧重于元素与集合的关系、集合与集合的关系和运算. 元素与集合之间是“属于”或“不属于”的关系，集合与集合间有子集或真子集的关系. 两集合关系的判断或者子集（真子集）的个数问题是常考点. 集合间的运算是考查的热点，常与函数、不等式、方程等结合考查.

例 1 (1) 设全集 $U=\{n\in\mathbf{N}\mid 1\leqslant n\leqslant 10\}$，$A=\{1,2,3,5,8\}$，$B=\{1,3,5,7,9\}$，则 $(\complement_U A)\cap B=$________.

(2) 集合 $\{-1,1,2,3,5\}$ 共有________个真子集.

(3) 已知集合 $\{a,b,c\}=\{0,1,2\}$，且下列三个关系① $a\neq 2$，② $b=2$，③ $c\neq 0$ 中有且只有一个正确，则 $100a+10b+c=$________.

【解析】 (1) 由题知 $\complement_U A=\{4,6,7,9,10\}$，故 $(\complement_U A)\cap B=\{7,9\}$.

(2) 集合中共有 5 个元素，因此其真子集的个数为 $2^5-1=31$(个).

(3) 若①正确，则②③不正确，由③不正确得 $c=0$，由①正确得 $a=1$，所以 $b=2$，与②不正确矛盾，故①不正确.

若②正确，则①③不正确，由①不正确得 $a=2$，与②正确矛盾，故②不正确.

若③正确，则①②不正确，由①不正确得 $a=2$，由②不正确及③正确得 $b=0$，$c=1$，故③正确.

故 $100a+10b+c=100\times2+10\times0+1=201$.

【点评】 解决诸如(1)这类题目时要认真仔细，切忌马虎. 对于(2)，要注意集合中元素个数与子集个数的关系. 另外，要分清“子集”“真子集”“非空真子集”的不同要求. (3)考查了集合相等以及分析问题、解决问题的能力，解题时要首先理解集合相等即元素完全相同，然后结合给定的论断进行推理.

二、对函数的考查

对函数的考查侧重考查函数的概念、表示方法、图象、性质等，常在选择题、填空题中出现，难度中等. 学习时要深入理解相关的概念，如函数、增(减)函数、奇(偶)函数等概念，要熟练掌握函数的相关性质，其中单调性和奇偶性是函数最为重要的两个性质，要注意从定义和图象两个角度来理解函数的性质. 对于函数与方程的考查，常常利用函数与方程的思想、数形结合的思想来解决.

例 2 (1) 已知函数 $f(x+1)$ 的定义域为 $[-2,3]$，则 $f(2x+3)$ 的定义域为________.

(2) 设函数 $f(x)$，$g(x)$ 的定义域都为 **R**，且 $f(x)$ 是奇函数，$g(x)$ 是偶函数，则下列结论正确的是________.(将所有正确结论的序号都填上)

① $f(x)g(x)$ 是偶函数；　② $|f(x)|g(x)$ 是奇函数；

③ $f(x)|g(x)|$ 是奇函数；　④ $|f(x)g(x)|$ 是奇函数；

⑤ $f(x)g(x)+f(x)$ 是奇函数.

(3) 若函数 $y=\log_a x$ ($a>0$ 且 $a\neq 1$)的图象如图所示,则下列函数图象正确的是 ( )

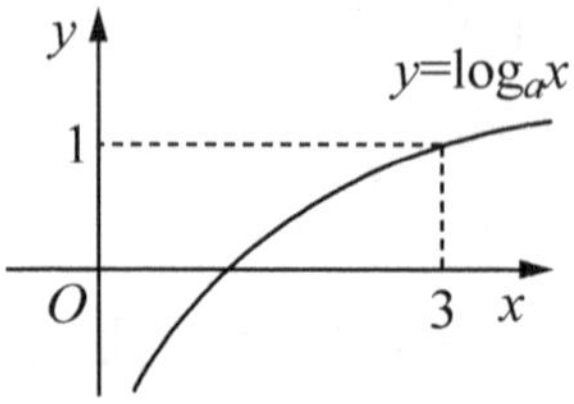

例2(3)图

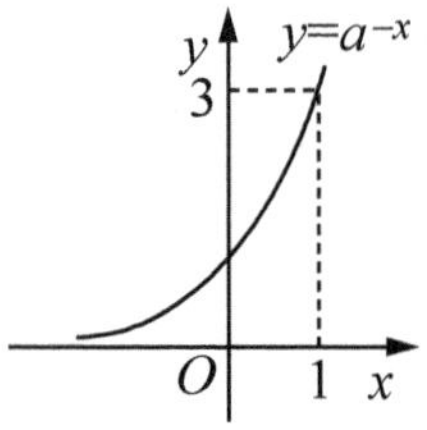

A.

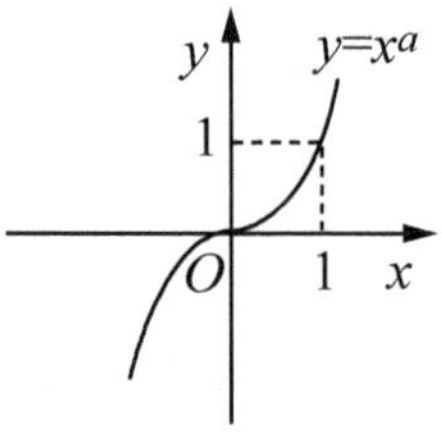

B.

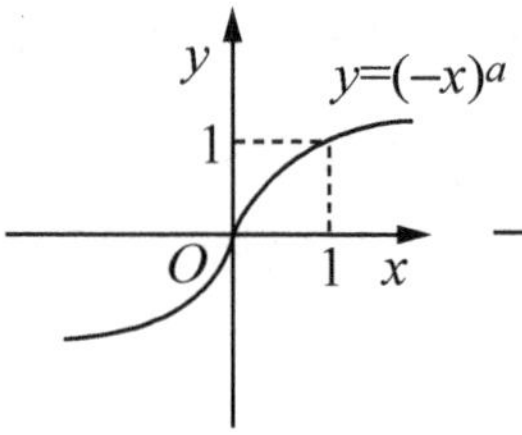

C.

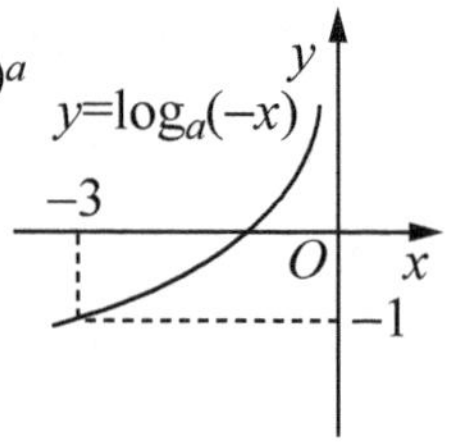

D.

【分析】 (1) $f(x+1)$中"$x+1$"的取值范围与 $f(2x+3)$中"$2x+3$"的取值范围是相同的.

(2) 可根据奇函数、偶函数的定义进行判断.

(3) 综合考查了幂函数、指数函数、对数函数的图象与性质,注意利用图象变换的知识进行判断.

【解析】 (1) 函数 $f(x+1)$的定义域为$[-2,3]$,故 $f(x+1)$中 x 满足$-2\leqslant x\leqslant 3$,故$-1\leqslant x+1\leqslant 4$,因此 $f(2x+3)$中$-1\leqslant 2x+3\leqslant 4$,解得$-2\leqslant x\leqslant \frac{1}{2}$,即函数 $f(2x+3)$的定义域为$\left[-2,\frac{1}{2}\right]$.

(2) 因为 $f(x)$是奇函数,$g(x)$是偶函数,所以有 $f(-x)=-f(x)$,$g(-x)=g(x)$.故

$f(-x)g(-x)=-f(x)g(x)$,即 $f(x)g(x)$为奇函数,①错;

$|f(-x)|g(-x)=|f(x)|g(x)$,即$|f(x)|g(x)$为偶函数,②错;

$f(-x)|g(-x)|=-f(x)|g(x)|$,即 $f(x)|g(x)|$为奇函数,③正确;

$|f(-x)g(-x)|=|f(x)g(x)|$,即 $f(x)g(x)$ 为偶函数,所以④错;

$f(-x)g(-x)+f(-x)=-f(x)g(x)-f(x)=-[f(x)g(x)+f(x)]$,即函数 $f(x)g(x)+f(x)$ 是奇函数,因此⑤正确.

(3) 由函数 $y=\log_a x(a>0$ 且 $a\neq1)$ 的图象过点(3,1),可得 $a=3$. A 中函数为 $y=\left(\frac{1}{3}\right)^x$,为减函数,故 A 不正确;B 中函数为 $y=x^3$,其图象符合要求;C 中函数为 $y=-x^3$,其图象与 $y=x^3$ 关于 x 轴对称,显然不符合要求;D 中 $y=\log_3(-x)$ 与 $y=\log_3 x$ 关于 y 轴对称,显然图象不符合要求. 故选 B.

【点评】 (1) 对于抽象函数的定义域问题,一般有以下两种形式:已知 $f(x)$ 的定义域求 $f[g(x)]$ 的定义域或已知 $f[g(x)]$ 的定义域求 $f(x)$ 的定义域. ① 若已知 $f(x)$ 的定义域为 $[a,b]$,其复合函数 $f[g(x)]$ 的定义域应由 $a\leqslant g(x)\leqslant b$ 解出;② 若复合函数 $f[g(x)]$ 的定义域为 $[a,b]$,则 $f(x)$ 的定义域为 $g(x)$ 在 $[a,b]$ 上的值域.

(2) 解决函数问题时要注意应用数形结合的数学思想.

例 3 已知函数 $f(x)=\begin{cases}\lg x, & x\geqslant\frac{3}{2},\\ \lg(3-x), & x<\frac{3}{2},\end{cases}$ 若方程 $f(x)=k$ 无实数根,则实数 k 的取值范围为________.

【分析】 方程 $f(x)=k$ 的根的个数即为函数 $y=f(x)$ 与 $y=k$ 两函数图象的交点个数问题,因此可作出两函数的图象观察参数的取值.

【解析】 在同一坐标系内作出函数 $y=f(x)$ 与 $y=k$ 的图象,如下图所示. 若两函数图象无交点,则 $k<\lg\frac{3}{2}$.

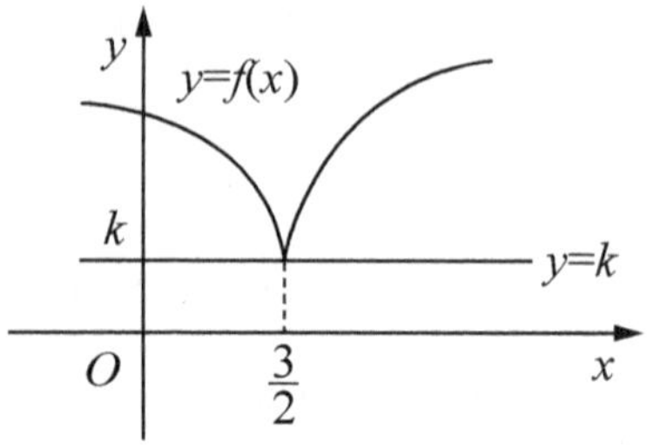

例 3 图

【点评】 对于方程 $f(x)=g(x)$ 的根的情况(根所在的范围、根的个数问题等),一般有两种转化方式:① 转化为研究函数 $\varphi(x)=f(x)-g(x)$ 在相应定义域内零点的情况;② 转化为研究函数 $y=f(x)$ 和 $y=g(x)$ 图象的交点情况. 不管用哪种方法,都要研究相应函数的图象,应用数形结合的思想.

三、对集合与函数的综合考查

对集合与函数的综合考查,常常以创新性问题的形式出现,考查利用所学知识解决新问题的能力. 解题时要读懂题中所给的新信息或定义,并与学过的旧知识建立联系,将新旧知识进行整合,使得问题得以顺利解决. 应特别注意所给的信息或定义是解题的重要依据和方法,解题时要"回到定义中去".

例 4 设 S,T 是 $\mathbf{R}$ 的两个非空子集,如果存在一个从 S 到 T 的函数 $y=f(x)$,满足:(1) $T=\{f(x)\mid x\in S\}$,(2) 对任意 $x_1,x_2\in S$,当 $x_1<x_2$ 时,恒有 $f(x_1)<f(x_2)$,那么称这两个集合"保序同构". 以下集合对是"保序同构"的有________.(将所有符合要求的序号都填上)

① $A=\mathbf{N}^*,B=\mathbf{N}$;

② $A=\{x\mid -1\leqslant x\leqslant 3\},B=\{x\mid x=-8$ 或 $0<x\leqslant 10\}$;

③ $A=\{x\mid 0<x<1\},B=\{x\mid x<-1\}$;

④ $A=\mathbf{Z},B=\mathbf{Q}$.

【分析】 根据题意,要判断给定的两个集合是否“保序同构”,则应看是否能找到满足给定两个性质的函数.因此,准确理解给定的两个条件是解决本题的关键.对于(1),可从函数概念的角度来理解;对于(2),可从函数单调性的角度来理解.

【解析】 由题意可知,对于选项中给定的两个集合 A,B,所寻找的函数 $y=f(x)$ 应满足:(1) 函数的定义域为 A,其值域为 B;(2) 函数在 A 上是单调递增的.

对于①,一次函数 $f(x)=x-1(x\in\mathbf{N}^*)$ 满足要求;对于②,函数 $f(x)=\begin{cases}\frac{5}{2}x+1, & -1<x\leqslant 3,\\ -8, & x=-1\end{cases}$ 满足要求;对于③,反比例函数 $f(x)=-\frac{1}{x}(0<x<1)$ 满足要求;对于④,由函数的概念可知集合 A 中的元素与集合 B 中的元素的对应形式只能是“一对一”(一个 x 对应一个 y)或者“多对一”,因此定义域为 $\mathbf{Z}$、值域为 $\mathbf{Q}$ 的单调递增函数是不存在的.所以符合要求的是①②③.

【点评】 解决本题时应注意以下几点.(1) 熟练掌握函数的概念,注意对两个集合的要求(都是非空数集,并且在对应关系中,集合 A 中的元素不能有剩余,但 B 中的元素可有剩余);对应的形式:“一对一”(一个 x 对应一个 y)或者“多对一”,但不能是“一对多”.(2) 掌握常见函数的性质,如一次函数、二次函数、反比例函数等的性质,并注意分段函数的应用.(3) 本题给出了新的定义,解决此类问题时首先要深刻理解题目所给的新信息,利用这些新信息并结合所学的知识来解题.

分类讨论思想的应用策略探析

分类讨论就是对问题所给的对象不能进行统一研究时，需要先将研究对象按某个标准分类，然后对每一类分别研究，得出每一类的结论，最后综合各类的结论得到整个问题的结论. 实质上，分类讨论是"化整为零，各个击破，再积零为整"的研究策略. 该策略是解决此类问题的重要数学思想方法，主要应用于以下几个方面.

一、集合和简易逻辑

例 1 设集合 $A=\{x|2-a\leqslant x\leqslant a+3\}$，$B=\{x|x<-1$ 或 $x>5\}$. 若 $U=\mathbf{R}$，$A\subseteq \complement_U B$，则实数 a 的取值集合为________.

【解析】 因为 $B=\{x|x<-1$ 或 $x>5\}$，故 $\complement_U B=\{x|-1\leqslant x\leqslant 5\}$.

又 $A\subseteq \complement_U B$，故

当 $A=\varnothing$ 时，$2-a>a+3$，解得 $a<-\frac{1}{2}$；

当 $A\neq\varnothing$ 时，$\begin{cases}2-a\leqslant a+3,\\2-a\geqslant -1,\\a+3\leqslant 5,\end{cases}$ 解得 $-\frac{1}{2}\leqslant a\leqslant 2$.

综上可知，实数 a 的取值集合为 $\{a|a\leqslant 2\}$.

【点评】 如果 $A\subseteq B$，一般集合 A 是不确定的，集合 B 是确定的，在求参数的取值范围时，需分 $A=\varnothing$ 和 $A\neq\varnothing$ 两种情况分别进行讨论.

例 2　设 p:若实数 x,y 满足 $2^x+2^y=1$,且 $4a\geqslant x+y$ 恒成立;q:函数 $g(x)=ax-\dfrac{a}{x}+2\ln x$ 在其定义域上存在极值.

(1) 若 p 为真命题,求实数 a 的取值范围;

(2) 如果"p 或 q"为真命题,"p 且 q"为假命题,求实数 a 的取值范围.

【解析】　(1) 由 $2^x+2^y\geqslant 2\sqrt{2^{x+y}}$,可得 $2\sqrt{2^{x+y}}\leqslant 1$.

所以 $x+y\leqslant -2$,当且仅当 $2^x=2^y=\dfrac{1}{2}$,即 $x=y=-1$ 时等号成立,故 $x+y$ 的最大值是 -2.

要使 $4a\geqslant x+y$ 恒成立,则只需 $4a\geqslant -2$,故 $a\geqslant -\dfrac{1}{2}$.

故 a 的取值范围为 $\left[-\dfrac{1}{2},+\infty\right)$.

(2) 对于 q,$g(x)=ax-\dfrac{a}{x}+2\ln x$,

$g'(x)=a+\dfrac{a}{x^2}+\dfrac{2}{x}=\dfrac{ax^2+2x+a}{x^2}$.

若 $a\geqslant 0$,$g'(x)>0$,$g(x)$ 在定义域上单调递增,$g(x)$ 在定义域上不存在极值,不符合题意;

若 $a<0$,则 $-\dfrac{1}{a}>0$,由 $\Delta=4-4a^2>0$,解得 $-1<a<0$.

所以,若 q 为真命题,则 $-1<a<0$.

因为"p 或 q"为真命题,"p 且 q"为假命题,所以命题 p 与 q 一真一假.

① 当 p 真 q 假时,$\begin{cases}a\geqslant -\dfrac{1}{2},\\ a\geqslant 0 \text{ 或 } a\leqslant -1,\end{cases}$ 解得 $a\geqslant 0$;

② 当 p 假 q 真时,$\begin{cases}a<-\dfrac{1}{2},\\ -1<a<0,\end{cases}$ 解得 $-1<a<-\dfrac{1}{2}$.

综上所述，a 的取值范围为 $\left(-1,-\frac{1}{2}\right)\cup[0,+\infty)$.

【点评】 (1) 对于 p 要注意灵活应用基本不等式求最值.

(2) 对于 $g(x)$，不要忽略其定义域.

(3) 研究 $g'(x)$ 的符号，要考虑其对应二次函数的开口方向、对称轴位置、与 y 轴的交点位置等因素，解题时可结合函数图象利用分类讨论的思想.

(4) "p 或 q"为真命题，"p 且 q"为假命题，则命题 p 与 q 一真一假，要分"p 真 q 假"和"p 假 q 真"两种情形讨论，切勿漏解.

二、函数、导数

例 3 符号 $[x]$ 表示不超过 x 的最大整数，已知函数 $f(x)=\begin{cases}\frac{3[x]}{x}+1, & 0<x<3,\\ 2^x+3, & x\geqslant 3.\end{cases}$ 若 $f[f(a)]=2^{f(a)}+3$，则实数 a 的取值范围为________.

【分析】 解题的关键是先利用给定的信息得到函数 $f(x)$ 的解析式，然后由 $f[f(a)]=2^{f(a)}+3$ 得到 $f(a)$ 的范围，进而得到 a 的取值范围. 注意利用分类讨论的数学思想.

【解析】 由题意知 $f(x)=\begin{cases}1, & 0<x<1,\\ \frac{3}{x}+1, & 1\leqslant x<2,\\ \frac{6}{x}+1, & 2\leqslant x<3,\\ 2^x+3, & x\geqslant 3.\end{cases}$

因 $f[f(a)]=2^{f(a)}+3$，则 $f(a)\geqslant 3$.

若 $1\leqslant a<2$，则 $\frac{3}{a}+1\geqslant 3$，解得 $a\leqslant\frac{3}{2}$，这时 $1\leqslant a\leqslant\frac{3}{2}$；

若 $2\leqslant a<3$，则 $\frac{6}{a}+1\geqslant 3$，解得 $a\leqslant 3$，这时 $2\leqslant a<3$；

若 $a\geqslant 3$，则 $3^a\geqslant 3$，解得 $a\geqslant 1$，这时 $a\geqslant 3$.

综上可知，实数 a 的取值范围为 $\left[1,\frac{3}{2}\right]\cup[2,+\infty)$.

【点评】 函数 $f(x)$ 是分段函数，在解不等式 $f(a)\geqslant 3$ 时，由于无法确定 a 的范围，因此须进行讨论.

例 4 已知函数 $f(x)=a\ln x+x^2-x$，其中 $a\in\mathbf{R}$.

(1) 当 $a>0$ 时，讨论 $f(x)$ 的单调性；

(2) 当 $x\geqslant 1$ 时，$f(x)\geqslant 0$ 恒成立，求 a 的取值范围.

【分析】 (1) 要讨论 $f(x)$ 的单调性，即解导函数 $f'(x)$ 对应的不等式即可. 本题可将其转化为含参数的一元二次不等式，按照 Δ 的取值情况展开讨论.

(2) 解题时注意 $f(1)=0$，这样要使得当 $x\geqslant 1$ 时，$f(x)\geqslant 0$ 恒成立，只需讨论 $f(x)$ 在 $[1,+\infty)$ 上的单调性即可.

【解析】 (1) 函数 $f(x)=a\ln x+x^2-x$ 的定义域为 $(0,+\infty)$，$f'(x)=\frac{a}{x}+2x-1=\frac{2x^2-x+a}{x}$.

设 $g(x)=2x^2-x+a$，$\Delta=1-8a$.

当 $a\geqslant\frac{1}{8}$ 时，$\Delta\leqslant 0$，$g(x)\geqslant 0$ 成立，故 $f'(x)\geqslant 0$ 成立，$f(x)$ 在 $(0,+\infty)$ 内为增函数.

当 $0<a<\frac{1}{8}$ 时，$\Delta>0$，令 $g(x)=0$，得 $x_1=\frac{1-\sqrt{1-8a}}{4}$，$x_2=\frac{1+\sqrt{1-8a}}{4}$. 显然 $x_2>x_1>0$，当 $x\in(0,x_1)$ 时，$g(x)>0$，$f'(x)>0$，$f(x)$ 为增函数；当 $x\in(x_1,x_2)$ 时，$g(x)<0$，$f'(x)<0$，$f(x)$ 为减函数；当 $x\in(x_2,+\infty)$ 时，$g(x)>0$，$f'(x)>0$，$f(x)$ 为增函数.

综上所述，当 $a\geqslant\frac{1}{8}$ 时，$f(x)$ 在 $(0,+\infty)$ 内为增函数；当 $0<a<$

$\frac{1}{8}$时，$f(x)$在$\left(0,\frac{1-\sqrt{1-8a}}{4}\right)$，$\left(\frac{1+\sqrt{1-8a}}{4},+\infty\right)$内为增函数，在$\left(\frac{1-\sqrt{1-8a}}{4},\frac{1+\sqrt{1-8a}}{4}\right)$内为减函数.

(2) 显然 $f(1)=0$，因 $x\geqslant 1$，故当 $a\geqslant 0$ 时，$a\ln x\geqslant 0$，$x^2-x\geqslant 0$，故 $f(x)\geqslant 0$ 恒成立.

当 $a<0$ 时，$g(x)=2x^2-x+a$ 满足 $\Delta=1-8a>0$.

令 $g(x)=0$，得 $x_1=\frac{1-\sqrt{1-8a}}{4}$，$x_2=\frac{1+\sqrt{1-8a}}{4}$.

显然 $x_1<0$，$x_2>0$.

当 $x\in(0,x_2)$时，$g(x)<0$，$f'(x)<0$，$f(x)$为减函数；

当 $x\in(x_2,+\infty)$时，$g(x)>0$，$f'(x)>0$，$f(x)$为增函数.

当 $x_2>1$，即$\frac{1+\sqrt{1-8a}}{4}>1$，即 $a<-1$ 时，$x\in(1,x_2)$，$f(x)$为减函数，这时 $f(x)<f(1)=0$，与题意不符，故舍去.

当 $x_2\leqslant 1$，即$\frac{1+\sqrt{1-8a}}{4}\leqslant 1$，即$-1\leqslant a<0$ 时，$x\in(1,+\infty)$，$f(x)$为增函数，这时 $f(x)\geqslant f(1)=0$ 成立.

综上可知，a 的取值范围为$[-1,+\infty)$.

【点评】 对于(1)，转化为含参数的一元二次不等式，利用分类讨论思想求解. 解题时首先要确定分类的标准. 分类的标准一般为开口方向、是否有根、根的大小等，本题讨论了 Δ 的取值情况. 对于(2)，一般可先总体观察使得 $f(x)\geqslant 0$ 成立或不成立的 a 的取值范围，然后讨论 a 的其他范围. 这里确定 a 的范围时讨论了 $f(x)$在$[1,+\infty)$内的单调性，因此讨论了 x_2与 1 的关系.

三、三角函数、向量

例 5 若数列$\{x_n\}$的通项公式为$x_n=2n\pi-\frac{2\pi}{3}(n\in\mathbf{N}^*)$，其前$n$项和为$S_n$，则$\sin S_n$的值有 （ ）

A. 1 个 B. 2 个 C. 3 个 D. 4 个

【解析】 因$x_n=2n\pi-\frac{2\pi}{3}$，故

$$S_n=x_1+x_2+x_3+\cdots+x_n=2\pi(1+2+3+\cdots+n)-\frac{2n\pi}{3}$$

$$=n(n+1)\pi-\frac{2n\pi}{3},$$

所以$\sin S_n=\sin\left[n(n+1)\pi-\frac{2n\pi}{3}\right]$.

因为$n(n+1)$表示两个连续正整数的乘积，$n(n+1)$一定为偶数，所以$\sin S_n=-\sin\left(\frac{2n\pi}{3}\right)$.

当$n=3k(k\in\mathbf{N}^*)$时，$\sin S_n=\sin(-2k\pi)=0$；

当$n=3k-1(k\in\mathbf{N}^*)$时，$\sin S_n=\sin\frac{2\pi}{3}=\frac{\sqrt{3}}{2}$；

当$n=3k-2(k\in\mathbf{N}^*)$时，$\sin S_n=\sin\frac{4\pi}{3}=-\frac{\sqrt{3}}{2}$.

故$\sin S_n=\begin{cases}-\frac{\sqrt{3}}{2}, & n=3k-2(k\in\mathbf{N}^*),\\ \frac{\sqrt{3}}{2}, & n=3k-1(k\in\mathbf{N}^*),\\ 0, & n=3k(k\in\mathbf{N}^*).\end{cases}$因此$\sin S_n$共有 3 个值.

【点评】 求$\sin\left(\frac{2n\pi}{3}\right)$的值时，根据正弦函数的周期性，需对$n$

是否能被 3 整除进行讨论.

例 6 如图,四边形 $ABCD$ 是正方形,延长 CD 至点 E,使得 $DE=CD$. 若动点 P 从点 A 出发,沿正方形的边按逆时针方向运动一周回到点 A,其中 $\overrightarrow{AP}=\lambda\overrightarrow{AB}+\mu\overrightarrow{AE}$,试求 $\lambda+\mu$ 的取值范围.

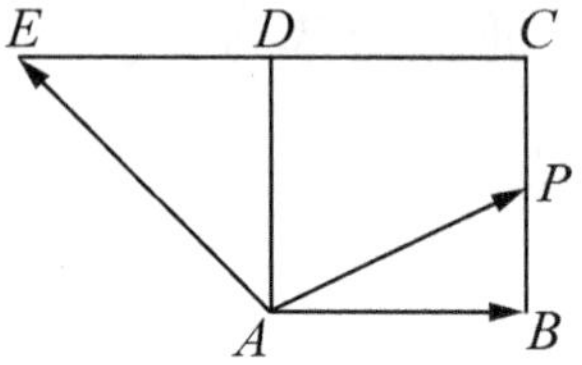

例 6 图

【解析】 设 $\overrightarrow{AB}=\boldsymbol{a}$,$\overrightarrow{AE}=\boldsymbol{b}$,则 $\overrightarrow{AD}=\overrightarrow{AB}+\overrightarrow{AE}=\boldsymbol{a}+\boldsymbol{b}$.

(1) 在点 P 由 A 运动至 B 的过程中,$\overrightarrow{AP}=t_1\overrightarrow{AB}=t_1\boldsymbol{a}(0\leqslant t_1\leqslant 1)$,这时 $\lambda+\mu=t_1\in[0,1]$.

(2) 在点 P 由 B 运动至 C 的过程中,$\overrightarrow{AP}=\overrightarrow{AB}+\overrightarrow{BP}=\boldsymbol{a}+t_2\overrightarrow{BC}=\boldsymbol{a}+t_2(\boldsymbol{a}+\boldsymbol{b})=(1+t_2)\boldsymbol{a}+t_2\boldsymbol{b}(0<t_2\leqslant 1)$,这时 $\lambda+\mu=1+2t_2\in(1,3]$.

(3) 在点 P 由 C 运动至 D 的过程中,$\overrightarrow{AP}=\overrightarrow{AD}+t_3\overrightarrow{DP}=\boldsymbol{a}+\boldsymbol{b}+t_3\boldsymbol{a}=(1+t_3)\boldsymbol{a}+\boldsymbol{b}(0\leqslant t_3<1)$,这时 $\lambda+\mu=2+t_3\in[2,3)$.

(4) 在点 P 由 D 运动至 A 的过程中,$\overrightarrow{AP}=t_4\overrightarrow{AD}=t_4\boldsymbol{a}+t_4\boldsymbol{b}(0<t_4<1)$,这时 $\lambda+\mu=2t_4\in(0,2)$.

综上可知,$\lambda+\mu\in[0,3]$.

【点评】 由于点 P 在正方形的各边上运动时,λ,μ 的取值情况不同,所以求解时要分类讨论. 解题时易因讨论不全面而出错.

四、数　列

例 7 在数列 $\{a_n\}$ 中,$a_1=8$,$a_4=2$,且满足 $a_{n+2}=2a_{n+1}-a_n$ $(n\in\mathbf{N}^*)$,则 $|a_1|+|a_2|+\cdots+|a_n|=$________.

【分析】 根据题意可知数列 $\{a_n\}$ 为等差数列,由通项公式可知

此数列有正项，也有零项和负项，因此求$|a_1|+|a_2|+\cdots+|a_n|$时须讨论 n 的取值情况.

【解析】 由题意知 $2a_{n+1}=a_n+a_{n+2}(n\in\mathbf{N}^*)$，所以$\{a_n\}$为等差数列. 设公差为 d，由题意得 $2=8+3d$，解得 $d=-2$，所以 $a_n=8-2(n-1)=10-2n$.

若 $10-2n\geqslant 0$，则 $n\leqslant 5$.

当 $n\leqslant 5$ 时，

$$S_n=|a_1|+|a_2|+\cdots+|a_n|=a_1+a_2+\cdots+a_n$$
$$=\frac{8+10-2n}{2}\times n=9n-n^2.$$

当 $n\geqslant 6$ 时，

$$S_n=a_1+a_2+\cdots+a_5-a_6-a_7\cdots-a_n=S_5-(S_n-S_5)$$
$$=2S_5-S_n=n^2-9n+40.$$

故 $S_n=\begin{cases}9n-n^2, & n\leqslant 5,\\ n^2-9n+40, & n\geqslant 6.\end{cases}$

【点评】 求和时要将绝对值去掉，因此须研究数列$\{a_n\}$中项的正负. 本题易忽略对 n 的讨论，直接利用 $S_n=S_5-(S_n-S_5)=2S_5-S_n=n^2-9n+40$ 会求出错误结果.

例 8 设数列$\{a_n\}$的前 n 项和为 S_n，$a_1=1$，$a_{n+1}=2S_n(n\in\mathbf{N}^*)$，则数列$\{a_n\}$的通项为 $a_n=$________.

【解析】 *方法一* 由 $a_{n+1}=2S_n(n\in\mathbf{N}^*)$，可得 $a_n=2S_{n-1}(n\geqslant 2)$，故 $a_{n+1}-a_n=2(S_n-S_{n-1})(n\geqslant 2)$，即 $a_{n+1}-a_n=2a_n(n\geqslant 2)$. 所以 $a_{n+1}=3a_n(n\geqslant 2)$.

故该数列从第 2 项起为一个等比数列. 易知 $a_2=2S_1=2a_1=2$.

所以 $a_n=a_2\cdot 3^{n-2}=2\cdot 3^{n-2}(n\geqslant 2)$. 又 $n=1$ 时，$a_1=1$.

故 $a_n=\begin{cases}1, & n=1,\\ 2\cdot 3^{n-2}, & n\geqslant 2.\end{cases}$

方法二 因为 $a_{n+1}=2S_n$，所以 $S_{n+1}=3S_n$，故$\frac{S_{n+1}}{S_n}=3$.

因为 $S_1=a_1=1$，所以数列 $\{S_n\}$ 是首项为 1、公比为 3 的等比数列.

故 $S_n=3^{n-1}(n\in\mathbf{N}^*)$.

当 $n\geqslant 2$ 时，$a_n=2S_{n-1}=2\cdot 3^{n-2}(n\geqslant 2)$.

故 $a_n=\begin{cases}1, & n=1,\\ 2\cdot 3^{n-2}, & n\geqslant 2.\end{cases}$

【点评】 方法一中由 $a_{n+1}=2S_n(n\in\mathbf{N}^*)$ 得到的 $a_{n+1}=3a_n$ 满足 $n\geqslant 2$，并不能说明数列 $\{a_n\}$ 为等比数列，只能说 $\{a_n\}$ 从第 2 项起为等比数列，因此必须对 a_1 单独考虑. 同理，方法二中也必须对 a_1 单独考虑. 本题易不加考虑地直接得到 $a_n=2\cdot 3^{n-2}$ 这个错误结果.

五、立体几何

例 9 空间 4 条直线相交于一点，过其中每两条直线作一个平面，可以得到不同的平面有 (　　)

A. 1 个或 4 个　　B. 1 个或 6 个

C. 4 个或 6 个　　D. 1 个、4 个或 6 个

【分析】 本题需讨论 4 条直线的位置关系，解题时可结合常见的几何模型来判断.

【解析】 图(1)中 4 条直线确定了一个平面；图(2)中 4 条直线确定了 4 个平面，分别为面 SAB、面 SAC、面 SBC、面 SDC；图(3)中确定了 6 个平面，分别为面 SAB、面 SBC、面 SDC、面 SAD、面 SAC、面 SBD. 故选 D.

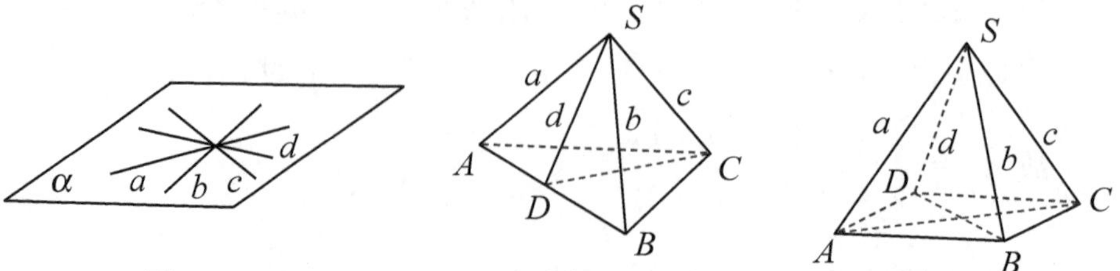

图(1)　　图(2)　　图(3)

例 9 解析图

例 10 若圆柱的侧面展开图是边长为 $2a$ 和 a 的矩形，则圆柱的体积为 （ ）

A. $\frac{a^3}{2\pi}$ B. $\frac{a^3}{\pi}$ C. $\frac{a^3}{2\pi}$或$\frac{a^3}{\pi}$ D. $\frac{a^3}{4\pi}$或$\frac{a^3}{\pi}$

【分析】 圆柱底面圆的周长和母线长分别是侧面展开图（矩形）两边的长，因此本题需讨论圆柱的母线长与其侧面展开图边长间的对应关系.

【解析】 设圆柱的母线长为 l，底面圆的半径为 r，则

① 当 $l=2a$ 时，$2\pi r=a$，故 $r=\frac{a}{2\pi}$，这时 $V_{圆柱}=2a\cdot\pi\left(\frac{a}{2\pi}\right)^2=\frac{a^3}{2\pi}$.

② 当 $l=a$ 时，$2\pi r=2a$，故 $r=\frac{a}{\pi}$，这时 $V_{圆柱}=a\cdot\pi\left(\frac{a}{\pi}\right)^2=\frac{a^3}{\pi}$.

因此，圆柱的体积为$\frac{a^3}{2\pi}$或$\frac{a^3}{\pi}$. 故选 C.

六、解析几何

例 11 已知椭圆$\frac{x^2}{5}+\frac{y^2}{m}=1$的离心率 $e=\frac{\sqrt{10}}{5}$，则 m 的值为（ ）

A. 3 B. $\frac{5\sqrt{15}}{3}$或$\sqrt{15}$ C. $\sqrt{5}$ D. $\frac{25}{3}$或 3

【分析】 利用 m 将离心率 e 表示出来，得到关于 m 的方程，从而解得 m 的值. 应注意椭圆的焦点位置.

【解析】 当焦点在 x 轴上时，$e^2=\frac{c^2}{a^2}=\frac{5-m}{5}=\left(\frac{\sqrt{10}}{5}\right)^2=\frac{2}{5}$，解得 $m=3$.

当焦点在 y 轴上时，$e^2=\frac{c^2}{a^2}=\frac{m-5}{m}=\left(\frac{\sqrt{10}}{5}\right)^2=\frac{2}{5}$，解得 $m=\frac{25}{3}$.

故选 D.

【点评】 本题是由图形的不确定性引起的分类，常见的分类标准为图形的类型或焦点位置. 题中椭圆的焦点位置不确定，因此需分类讨论.

例 12 已知椭圆$\frac{x^2}{a^2}+\frac{y^2}{b^2}=1(a>b>0)$与双曲线$x^2-y^2=1$有相同的焦点，且椭圆的离心率为$e_1$，双曲线的离心率为$e_2$，满足$e_1e_2=1$.

(1) 求椭圆的标准方程；

(2) 若直线l恒过点$(0,1)$，且l与椭圆交于A,B两点，求$|AB|$的最大值，并求此时直线l的方程.

【分析】 (1) 利用椭圆与双曲线的关系得到椭圆的标准方程.

(2) 将直线方程与椭圆方程联立，结合韦达定理和基本不等式求其最值，在设直线方程以及求最值的过程中要注意对斜率进行分类讨论.

【解析】 (1) 双曲线$x^2-y^2=1$的焦点为$(-\sqrt{2},0)$，$(\sqrt{2},0)$，离心率$e_2=\sqrt{2}$，故椭圆$\frac{x^2}{a^2}+\frac{y^2}{b^2}=1(a>b>0)$中$c^2=a^2-b^2=2$，$e_1=\frac{c}{a}=\frac{\sqrt{2}}{2}$，解得$a^2=4$，$b^2=2$.

故所求椭圆的标准方程为$\frac{x^2}{4}+\frac{y^2}{2}=1$.

(2) 当直线l的斜率不存在时，l的方程为$x=0$，这时$|AB|=2\sqrt{2}$. 当l的斜率存在时，设l的方程为$y=kx+1$.

设$A(x_1,y_1)$，$B(x_2,y_2)$，由$\begin{cases}y=kx+1,\\ \frac{x^2}{4}+\frac{y^2}{2}=1,\end{cases}$得

$(1+2k^2)x^2+4kx-2=0$，$\Delta=16k^2+8(1+2k^2)>0$.

故$x_1+x_2=-\frac{4k}{1+2k^2}$，$x_1x_2=\frac{-2}{1+2k^2}$.

所以$|AB|=\sqrt{1+k^2}\sqrt{(x_1+x_2)^2-4x_1x_2}$

$$=\sqrt{1+k^2}\sqrt{\frac{16k^2}{(1+2k^2)^2}+\frac{8}{1+2k^2}}$$

$$=\sqrt{1+k^2}\sqrt{\frac{16k^2+8(1+2k^2)}{(1+2k^2)^2}}$$

$$=\sqrt{1+k^2}\sqrt{\frac{8+32k^2}{(1+2k^2)^2}}=\sqrt{\frac{(1+k^2)(8+32k^2)}{(1+2k^2)^2}}$$

$$=\sqrt{\frac{8(4k^4+5k^2+1)}{4k^4+4k^2+1}}=\sqrt{\frac{8[(4k^4+4k^2+1)+k^2]}{4k^4+4k^2+1}}$$

$$=\sqrt{8\left(1+\frac{k^2}{4k^4+4k^2+1}\right)}.$$

当 $k=0$ 时，$|AB|=2\sqrt{2}$.

当 $k\neq 0$ 时，$|AB|=\sqrt{8\left(1+\frac{1}{4k^2+\frac{1}{k^2}+4}\right)}\leqslant\sqrt{8\left(1+\frac{1}{8}\right)}=3$.

当且仅当 $4k^2=\frac{1}{k^2}$，即 $k^4=\frac{1}{4}$，即 $k=\pm\frac{\sqrt{2}}{2}$ 时等号成立.

所以 l 的方程为 $y=\pm\frac{\sqrt{2}}{2}+1$，这时 $|AB|_{\max}=3$.

【点评】 (1) 解题时注意讨论特殊情况，本题中讨论了直线斜率不存在的情况，以及斜率为 0 的情况.

(2) 分类讨论的一般步骤为：① 明确讨论对象，确定对象的取值范围；② 确定分类标准，进行合理分类，不重不漏；③ 对分好的每类进行讨论，获得阶段性结果；④ 归纳总结，得出结论.

信息型试题解题策略探析

所谓信息型试题，是指不便于直接运用所学数学知识解决问题，而需要从所给材料中获取信息，并用于解决新问题的一类试题. 这一类试题，往往题型新颖，形式多样，集综合性、应用性、开放性、创新性于一体. 这就要求考生在阅读理解的基础上及时捕捉并利用信息，结合所学知识作出判断、推理、概括、运算和表述. 这类题型着重考查学生的实践能力与创新意识，在高考和各类模拟考试中备受青睐. 下面通过几个例题来探讨一下此类问题的解题策略.

一、即时定义的信息题

例 1 已知数列$\{a_n\}$，定义其倒均数是$V_n=\dfrac{\dfrac{1}{a_1}+\dfrac{1}{a_2}+\cdots+\dfrac{1}{a_n}}{n}$ $(n\in\mathbf{N}^*)$.

(1) 若数列$\{a_n\}$的倒均数是$V_n=\dfrac{n+1}{2}$，求数列$\{a_n\}$的通项公式；

(2) 设等比数列$\{b_n\}$的首项为-1，公比为$q=\dfrac{1}{2}$，其倒均数为V_n，若存在正整数k，使得当$n\geqslant k$时，$V_n<-16$恒成立，试找出一个这样的k值(只需找出一个即可，不需证明).

【解析】 严格按照给定的倒均数的定义来计算相应数列的倒均数.

(1) 依题意知$\dfrac{\dfrac{1}{a_1}+\dfrac{1}{a_2}+\cdots+\dfrac{1}{a_n}}{n}=\dfrac{n+1}{2}$,即

$$\frac{1}{a_1}+\frac{1}{a_2}+\cdots+\frac{1}{a_n}=\frac{n^2+n}{2}.$$

当 $n\geqslant 2$ 时,$\dfrac{1}{a_1}+\dfrac{1}{a_2}+\cdots+\dfrac{1}{a_{n-1}}=\dfrac{(n-1)^2+(n-1)}{2}$.

上述两式相减,得$\dfrac{1}{a_n}=n(n\geqslant 2)$,所以 $a_n=\dfrac{1}{n}(n\geqslant 2)$.

当 $n=1$ 时,$\dfrac{1}{a_1}=1$,即 $a_1=1$,适合上式.

故 $a_n=\dfrac{1}{n}$.

(2) 由题意可知 $b_n=-\left(\dfrac{1}{2}\right)^{n-1}$,所以$\dfrac{1}{b_n}=-2^{n-1}$.

故 $V_n=\dfrac{\dfrac{1}{b_1}+\dfrac{1}{b_2}+\cdots+\dfrac{1}{b_n}}{n}=\dfrac{\dfrac{-(1-2^n)}{1-2}}{n}=\dfrac{1-2^n}{n}$.

不等式 $V_n<-16$ 恒成立,即$\dfrac{1-2^n}{n}<-16$,也即 $2^n-1>16n$ 恒成立.

经检验可知 $k\geqslant 7$ 时均符合题意(写出一个 k 值即可).

【点评】 本题首先定义了数列$\{a_n\}$的倒均数,然后通过倒均数考查了数列中通项公式的求法、等比数列求和等.解决此类问题的关键是对倒均数定义的深入理解.

例 2 如图(1),在平面斜坐标系 xOy 中,$\angle xOy=60°$,平面上任意一点 P 关于斜坐标系的斜坐标是这样定义的:

若$\overrightarrow{OP}=x\boldsymbol{e}_1+y\boldsymbol{e}_2$(其中 $\boldsymbol{e}_1,\boldsymbol{e}_2$ 分别为与 x 轴、y 轴同方向的单位向量),则点 P 的斜坐标为(x,y).

(1) 若点 P 在斜坐标系 xOy 中的坐标为$(2,-2)$,求点 P 到原点 O 的距离.

(2) 求以原点 O 为圆心、1 为半径的圆在斜坐标系 xOy 中的

方程.

(3) 在斜坐标系 xOy 中,若直线 $x=t(0<t<1)$ 交图(2)中的圆于 A,B 两点,则当 t 为何值时,$\triangle AOB$ 的面积取得最大值?并求此最大值.

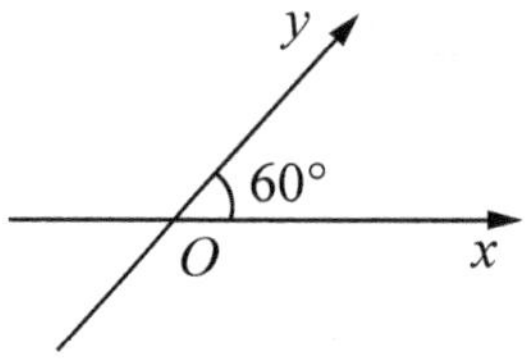

图(1)

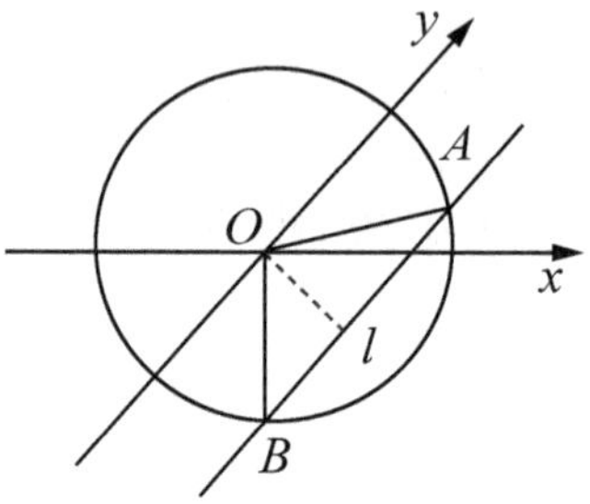

图(2)

例 2 图

【分析】 本题先将平面直角坐标系改为平面斜坐标系,定义了点 P 的斜坐标,然后研究斜坐标系中两点之间的距离、圆的方程、三角形的面积等,这里要充分利用向量知识并类比平面直角坐标系中解决问题的策略.

【解析】 (1) 因为点 P 的斜坐标为$(2,-2)$,所以$\overrightarrow{OP}=2\boldsymbol{e}_1-2\boldsymbol{e}_2$,故

$$|\overrightarrow{OP}|^2=(2\boldsymbol{e}_1-2\boldsymbol{e}_2)^2=4\boldsymbol{e}_1^2-8\boldsymbol{e}_1\cdot\boldsymbol{e}_2+4\boldsymbol{e}_2^2$$
$$=8-8\times1\times1\times\cos60^\circ=4.$$

故$|\overrightarrow{OP}|=2$,即点 P 到原点的距离为 2.

(2) 设圆上动点 M 的斜坐标为(x,y),则$\overrightarrow{OM}=x\boldsymbol{e}_1+y\boldsymbol{e}_2$.

由题意得$(x\boldsymbol{e}_1+y\boldsymbol{e}_2)^2=1$,故 $x^2\boldsymbol{e}_1^2+2xy\boldsymbol{e}_1\cdot\boldsymbol{e}_2+y^2\boldsymbol{e}_2^2=1$.

所以 $x^2+xy+y^2=1$,故所求方程为 $x^2+xy+y^2=1$.

(3) 在斜坐标系 xOy 中,直线 $x=t$ 是平行于 y 轴的一族直线.当 $0<t<1$ 时,直线 $x=t$ 与圆有两个交点,设为 $A(x_1,y_1)$,$B(x_2,y_2)$.

由$\begin{cases}x^2+xy+y^2=1,\\x=t,\end{cases}$整理得 $y^2+ty+t^2-1=0$.

由根与系数的关系，得 $y_1+y_2=-t, y_1y_2=t^2-1$.

所以 $|y_1-y_2|=\sqrt{(y_1+y_2)^2-4y_1y_2}=\sqrt{4-3t^3}$.

故 $S_{\triangle ABC}=\frac{1}{2}|y_1-y_2|\cdot t\cdot \sin 60°=\frac{\sqrt{3}}{4}t\sqrt{4-3t^2}$

$$=\frac{\sqrt{3}}{4}\sqrt{-3t^4+4t^2}=\frac{\sqrt{3}}{4}\sqrt{-3\left(t^2-\frac{2}{3}\right)^2+\frac{4}{3}}.$$

当 $t^2=\frac{2}{3}$，即 $t=\frac{\sqrt{6}}{3}$ 时，$S_{\triangle ABC}$ 取得最大值 $\frac{1}{2}$.

【点评】 本题定义了一个新的体系“斜坐标系”，定义是通过向量给出的，因此在解题时要严格按照定义用向量去解决. 另外，本题还考查了将(平面直角坐标系下的)解析几何中的思想方法运用到新的体系中的数学实践能力，是一道“源于教材，而高于教材，难度适中”的好题.

即时定义的信息题是信息型试题的常见类型. 一般来说，它首先定义一个新的数学对象，然后利用已知的数学知识去研究这个数学对象. 解决此类问题的关键是深入理解给定的新定义，建立已知数学知识与新定义之间的联系.

二、给出新的定理、性质或方法等

例 3 已知凸函数的性质定理：若函数 $f(x)$ 在区间 D 上是凸函数，则对于区间 D 内的任意 $x_1, x_2, \cdots, x_n$，有 $\frac{f(x_1)+f(x_2)+\cdots+f(x_n)}{n}\leqslant f\left(\frac{x_1+x_2+\cdots+x_n}{n}\right)$. 若函数 $y=\sin x$ 在区间 $(0,\pi)$ 内是凸函数，则在 $\triangle ABC$ 中，$\sin A+\sin B+\sin C$ 的最大值是 ( )

A. $\frac{1}{2}$　　B. $\frac{3}{2}$　　C. $\frac{3\sqrt{3}}{2}$　　D. $\frac{\sqrt{3}}{2}$

【解析】 由凸函数的性质定理，有

$$\frac{1}{3}(\sin A+\sin B+\sin C)\leqslant\sin\frac{A+B+C}{3}=\sin 60^\circ=\frac{\sqrt{3}}{2}.$$

所以 $\sin A+\sin B+\sin C\leqslant\frac{3\sqrt{3}}{2}$. 故选 C.

【点评】 本题通过给定的凸函数的一个性质定理，考查了对凸函数的理解及三角函数知识.

例 4 请先阅读：在等式 $\cos 2x=2\cos^2x-1(x\in\mathbf{R})$ 的两边求导得 $(\cos 2x)'=(2\cos^2x-1)'$，由求导法则得 $(-\sin 2x)\cdot 2=4\cos x\cdot(-\sin x)$，化简得等式 $\sin 2x=2\cos x\sin x$.

利用上述思路(或其他方法)，结合等式 $(1+x)^n=\mathrm{C}_n^0+\mathrm{C}_n^1x+\mathrm{C}_n^2x^2+\cdots+\mathrm{C}_n^nx^n$ ($n\in\mathbf{N}^*$ 且 $n>1$)，证明：$n[(1+x)^{n-1}-1]=\sum\limits_{k=2}^{n}k\mathrm{C}_n^kx^{k-1}$.

【证明】 在等式 $(1+x)^n=\mathrm{C}_n^0+\mathrm{C}_n^1x+\mathrm{C}_n^2x^2+\cdots+\mathrm{C}_n^nx^n$ 两边对 x 求导得 $n(1+x)^{n-1}=\mathrm{C}_n^1+2\mathrm{C}_n^2x+\cdots+(n-1)\mathrm{C}_n^{n-1}x^{n-2}+n\mathrm{C}_n^nx^{n-1}$，移项得 $n[(1+x)^{n-1}-1]=\sum\limits_{k=2}^{n}k\mathrm{C}_n^kx^{k-1}$.

【点评】 本题给出了一种利用对等式两边求导来求和的方法，着重考查了二项式定理、导数的运算(特别是复合函数求导)、赋值法及对代数式的变形能力. 解决此类题目的关键是深入理解给定的新定理、性质或方法等，利用它们从一个新的角度来思考. 本题考查了对知识的迁移和灵活运用的能力.

三、在给定的情境信息中考查数学知识

例 5 使用计算器依照预先编制的程序进行计算，当依次输入的两个数据为 1 和 1 时，输出的结果为 2；当依次输入的两个数据为 m 和 n 时，输出的结果为 k；当依次输入的两个数据为 m 和 $n+1$ 时，输出的结果为 $k+3$. 那么当依次输入的两个数据为 1 和 n 时，输出的结果应为________.

【解析】 题中条件可表示为 $f(1,1)=2$，$f(m,n)=k$，$f(m,n+1)=k+3$，于是有 $f(m,n+1)-f(m,n)=3$，即输入的两个数据中第一个数据不变，第二个数据增加 1 时，输出的结果增加 3，亦即 $f(m,1)$，$f(m,2)$，$f(m,3)$，…，$f(m,n)$成等差数列，公差 $d=3$，故 $f(1,n)=2+(n-1)\times3=3n-1$，即结果应为 $3n-1$.

【点评】 本题将一个等差数列求通项问题“嵌入”一个“计算器”中，是典型的信息迁移题. 解题的突破口是将文字语言转化为数学符号语言，建立数学模型.

例 6 某电信部门执行新的电话收费标准，其中本地网营业区内的通话费标准为：前 3 分钟为 0.20 元（不足 3 分钟按 3 分钟计算），以后每分钟收 0.10 元（不足 1 分钟按 1 分钟计算）. 在一次实习作业中，某同学调查了 A，B，C，D，E 五人某天拨打本地网营业区内电话的通话时间情况，其原始数据见下表：

人员	A	B	C	D	E
第一次通话时间	3 分	3 分 45 秒	3 分 55 秒	3 分 20 秒	6 分
第二次通话时间	—	4 分	3 分 40 秒	4 分 50 秒	—
第三次通话时间	—	—	5 分	2 分	—
应缴话费/元					

(1) 在表中填写各人应缴的话费；

(2) 设通话时间为 t 分钟,试根据上表填写下表(这五人在这一天内的通话情况统计表).

时间段/分	频数累计	频数	频率	累计频率
$0<t\leqslant3$	丅	2	0.2	0.2
$3<t\leqslant4$				
$4<t\leqslant5$				
$5<t\leqslant6$				
合计	正 正			—

注:累计频率就是样本数据小于某一数值的频率.

(3) 若本地网营业区原来执行的通话费标准是:每 3 分钟为 0.20 元(不足 3 分钟按 3 分钟计算).问这五人这一天的实际平均通话费与原通话标准下算出的平均通话费相比,是增多了还是减少了?增或减了多少?

【解析】 (1) 各人应缴的话费见下表:

人员	A	B	C	D	E
第一次通话时间	3 分	3 分 45 秒	3 分 55 秒	3 分 20 秒	6 分
第二次通话时间	—	4 分	3 分 40 秒	4 分 50 秒	—
第三次通话时间	—	—	5 分	2 分	—
应缴话费/元	0.20	0.60	1.0	0.9	0.50

(2) 这五人在这一天内的通话情况统计见下表:

时间段/分	频数累计	频数	频率	累计频率
$0<t\leqslant3$	丅	2	0.2	0.2
$3<t\leqslant4$	正	5	0.5	0.7
$4<t\leqslant5$	丅	2	0.2	0.9
$5<t\leqslant6$	一	1	0.1	1
合计	正 正	10	1	—

(3) 设这五人这一天的实际平均通话费为$\overline{x}_1$元，按原收费标准算出的平均通话费为$\overline{x}_2$元，则

$$\overline{x}_1=\frac{1}{5}(2\times0.2+5\times0.3+2\times0.4+1\times0.5)=0.64(\text{元}),$$

$$\overline{x}_2=\frac{1}{5}(2\times0.2+8\times0.4)=0.72(\text{元}),$$

所以$\overline{x}_2-\overline{x}_1=0.08$(元).

即这五人这一天的实际平均通话费比按原标准计算出的平均通话费减少 0.08 元.

【点评】 本题给出的文字信息很“冗杂”，解决此类问题的关键是从给定的情境信息中提炼出有用的信息，先将实际问题转化成数学问题，然后选用适当的数学模型去解决问题. 本题着重考查学生的阅读理解能力以及利用数学知识解决实际问题的能力.

总之，信息型试题一般是通过给出一个新定义、新符号、新性质、新方法或给出几个新模型来创设新的问题情境，要求学生在阅读理解的基础上，应用所学的知识和方法，对符号信息、文字信息等进行灵活迁移，变陌生为熟悉，变抽象为具体，从而达到实践应用、创新求解的目的. 解决此类问题的两个关键点是：(1) 理解透彻给定的信息；(2) 建立新信息与原有知识之间的联系.

解析几何中常见考点解题策略探析

解析几何涉及直线与圆和圆锥曲线两部分内容，在选择题、填空题和解答题中都会考查，其中客观题以曲线方程、离心率等基础知识为主，解答题则重点考查最值(取值范围)、定值、定点、存在性等具有典型数学特点的问题. 下面结合具体例题谈谈解析几何的考点和题型，以期在解题方法和高考复习方向上给学生以指导.

一、求曲线(包括直线)方程

例 1 设抛物线 $C:y^2=2px(p>0)$ 的焦点为 F，点 M 在 C 上，$|MF|=5$，N 为 MF 的中点. 若以 NF 为直径的圆过点 $(0,2)$，则 C 的方程为 ( )

A. $y^2=4x$ 或 $y^2=8x$ B. $y^2=2x$ 或 $y^2=8x$

C. $y^2=4x$ 或 $y^2=16x$ D. $y^2=2x$ 或 $y^2=16x$

【解析】 设 $M(x_0,y_0)$，$A(0,2)$，MF 的中点为 N.

由于 $y^2=2px$，$F\left(\frac{p}{2},0\right)$，所以点 N 的坐标为 $\left(\frac{x_0+\frac{p}{2}}{2},\frac{y_0}{2}\right)$.

由抛物线的定义可知 $x_0+\frac{p}{2}=5$，则 $x_0=5-\frac{p}{2}$.

所以 $y_0=\sqrt{2p\left(5-\frac{p}{2}\right)}$.

因为$|AN|=\frac{|MF|}{2}=\frac{5}{2}$，所以$|AN|^2=\frac{25}{4}$.

所以$\left(\frac{x_0+\frac{p}{2}}{2}\right)^2+\left(\frac{y_0}{2}-2\right)^2=\frac{25}{4}$.

将 x_0，y_0 代入得$\frac{\left(5-\frac{p}{2}+\frac{p}{2}\right)^2}{4}+\left[\frac{\sqrt{2p\left(5-\frac{p}{2}\right)}}{2}-2\right]^2=\frac{25}{4}$.

所以$\frac{\sqrt{2p\left(5-\frac{p}{2}\right)}}{2}-2=0$，整理得 $p^2-10p+16=0$.

解得 $p=2$ 或 $p=8$.

所以抛物线 C 的方程为 $y^2=4x$ 或 $y^2=16x$. 故选 C.

【点评】 求曲线(包括直线)方程是解析几何的重要题型，包括求直线的方程、圆的方程及圆锥曲线的方程. 求解时要充分利用图形的几何特征，借助待定系数法和定义法求解.

二、轨迹问题

例 2 已知圆 M：$(x+1)^2+y^2=1$，圆 N：$(x-1)^2+y^2=9$，动圆 P 与圆 M 外切且与圆 N 内切，圆心 P 的轨迹为曲线 C. 试求 C 的方程.

【解析】 由已知得圆 M 的圆心为 $M(-1,0)$，半径 $r_1=1$，圆 N 的圆心为 $N(1,0)$，半径 $r_2=3$.

设动圆 P 的圆心为 $P(x,y)$，半径为 R. 因为圆 P 与圆 M 外切且与圆 N 内切，所以$|PM|+|PN|=(R+r_1)+(r_2-R)=r_1+r_2=4$.

由椭圆的定义可知，曲线 C 是分别以 M，N 为左、右焦点，长半轴长为 2，短半轴长为$\sqrt{3}$的椭圆(左顶点除外)，其方程为$\frac{x^2}{4}+\frac{y^2}{3}=1(x\neq-2)$.

【点评】 (1) 解决本题的关键是寻找动点 P 满足的条件，对于圆与圆相切的问题当然要考虑其圆心距与半径的关系.

(2) 如果根据条件判断出动点符合圆、椭圆、双曲线、抛物线等的定义,就可以利用定义结合待定系数法求出相应的轨迹方程.

三、离心率问题

例 3 在平面直角坐标系 xOy 中,椭圆 C 的标准方程为$\frac{x^2}{a^2}+\frac{y^2}{b^2}=1(a>b>0)$,右焦点为 F,右准线$\left(\text{直线 } x=\frac{a^2}{c}\right)$为 l,短轴的一个端点为 B. 设原点到直线 BF 的距离为 d_1,F 到 l 的距离为 d_2. 若 $d_2=\sqrt{6}d_1$,则椭圆 C 的离心率为____________.

【解析】 如图,$l:x=\frac{a^2}{c}$,$d_2=\frac{a^2}{c}-c=\frac{b^2}{c}$,由等面积法得 $d_1=\frac{bc}{a}$. 若 $d_2=\sqrt{6}d_1$,则$\frac{b^2}{c}=\sqrt{6}\frac{bc}{a}$,整理得$\sqrt{6}a^2-ab-\sqrt{6}b^2=0$,两边同除以 a^2,得$\sqrt{6}\left(\frac{b}{a}\right)^2+\left(\frac{b}{a}\right)-\sqrt{6}=0$,解之得$\frac{b}{a}=\frac{\sqrt{6}}{3}$,所以离心率为 $e=\sqrt{1-\left(\frac{b}{a}\right)^2}=\frac{\sqrt{3}}{3}$.

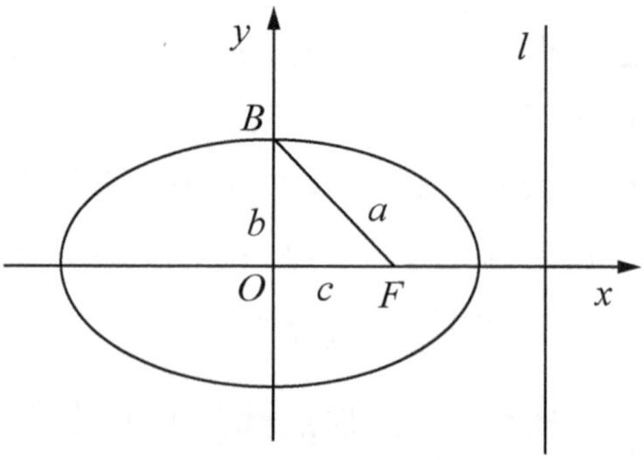

例 3 解析图

【点评】 解析几何中的离心率问题是指求椭圆或双曲线离心

率的值或取值范围.求离心率的值,可以先求出 a,c 的值,也可以根据题目条件建立关于 a,c 的等式(一般是齐次式),再转化为关于离心率 e 的方程,通过解方程求得离心率.求离心率的取值范围,通常是根据题目条件建立关于 a,c 的不等式(一般是齐次式),再转化为关于离心率 e 的不等式,通过解不等式求得离心率的取值范围.

四、定点问题

例 4 已知椭圆 C 的中心在坐标原点,焦点在 x 轴上,椭圆 C 上的点到焦点距离的最大值为 3,最小值为 1.

(1) 求椭圆 C 的标准方程;

(2) 若直线 $l:y=kx+m$ 与椭圆 C 相交于 A,B 两点(A,B 不是左、右顶点),且以 AB 为直径的圆过椭圆 C 的右顶点,求证:直线 l 过定点,并求出该定点的坐标.

【解析】 (1) 由题意,设椭圆的标准方程为 $\frac{x^2}{a^2}+\frac{y^2}{b^2}=1(a>b>0)$,则 $a+c=3,a-c=1$,解得 $a=2,c=1,b^2=3$,所以椭圆 C 的标准方程为 $\frac{x^2}{4}+\frac{y^2}{3}=1$.

(2) 设 $A(x_1,y_1),B(x_2,y_2)$,由 $\begin{cases}y=kx+m,\\ \frac{x^2}{4}+\frac{y^2}{3}=1,\end{cases}$ 得

$(3+4k^2)x^2+8mkx+4(m^2-3)=0$,

$\Delta=64m^2k^2-16(3+4k^2)(m^2-3)>0$,即 $3+4k^2-m^2>0$.

$x_1+x_2=-\frac{8mk}{3+4k^2},x_1x_2=\frac{4(m^2-3)}{3+4k^2}$.

$$\begin{aligned}y_1y_2&=(kx_1+m)(kx_2+m)=k^2x_1x_2+mk(x_1+x_2)+m^2\\&=\frac{3(m^2-4k^2)}{3+4k^2}.\end{aligned}$$

因为以 AB 为直径的圆过椭圆的右顶点 $D(2,0)$，$k_{AD}k_{BD}=-1$，

所以 $\frac{y_1}{x_1-2}\cdot\frac{y_2}{x_2-2}=-1$，$y_1y_2+x_1x_2-2(x_1+x_2)+4=0$，

$\frac{3(m^2-4k^2)}{3+4k^2}+\frac{4(m^2-3)}{3+4k^2}+\frac{16mk}{3+4k^2}+4=0$.

化简得 $7m^2+16mk+4k^2=0$，解得 $m_1=-2k$，$m_2=-\frac{2k}{7}$，且满足 $3+4k^2-m^2>0$.

当 $m=-2k$ 时，$l:y=k(x-2)$，直线过定点 $(2,0)$，与已知矛盾；

当 $m=-\frac{2k}{7}$ 时，$l:y=k\left(x-\frac{2}{7}\right)$，直线过定点 $\left(\frac{2}{7},0\right)$.

综上可知，直线 l 过定点，定点坐标为 $\left(\frac{2}{7},0\right)$.

【点评】 对于直线恒过定点的问题，通常是先设出直线的方程为 $y=kx+b$，然后根据已知条件考虑是否能求出 b 的值. 若能求出，则直线恒过点 $(0,b)$；若不能求出，则应根据题目条件找到 k 和 b 的等量关系式，如 $b=2k+3$，直线恒过点 $(-2,3)$.

五、定值与最值

例 5 已知椭圆 $\frac{x^2}{a^2}+\frac{y^2}{b^2}=1(a>b>0)$ 的离心率为 $\frac{\sqrt{2}}{2}$，且过点 $(2,\sqrt{2})$.

(1) 求椭圆的标准方程.

(2) 如图，四边形 $ABCD$ 的顶点在椭圆上，且对角线 AC，BD 过原点 O，$k_{AC}k_{BD}=-\frac{b^2}{a^2}$.

① 求 $\overrightarrow{OA}\cdot\overrightarrow{OB}$ 的最值.

② 求证：四边形 $ABCD$ 的面积为定值.

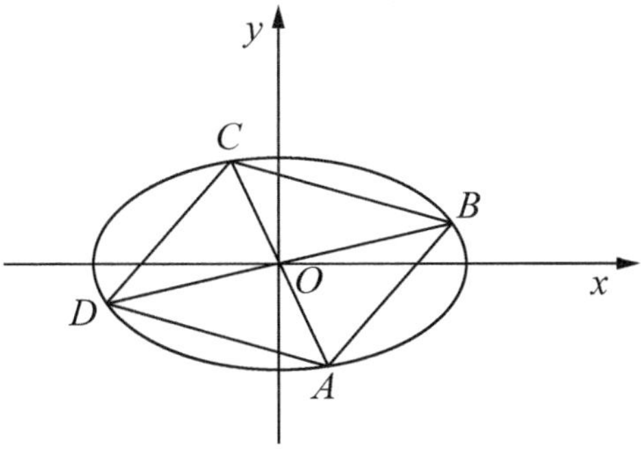

例 5 图

【分析】 对于(1),解题的关键是正确利用定义;对于(2),可先设出直线 AB 的方程为 $y=kx+m$,然后由 $k_{AC}k_{BD}=-\dfrac{b^2}{a^2}$ 找出 k,m 的关系,得到$\overrightarrow{OA}\cdot\overrightarrow{OB}$的函数表达式,从而求出其最值.

【解析】 (1) 由题意可知 $e=\dfrac{c}{a}=\dfrac{\sqrt{2}}{2},\dfrac{4}{a^2}+\dfrac{2}{b^2}=1$.

又 $a^2=b^2+c^2$,解得 $a^2=8,b^2=4$.

故椭圆的标准方程为$\dfrac{x^2}{8}+\dfrac{y^2}{4}=1$.

(2) 当直线 AB 的斜率存在时,设其方程为 $y=kx+m,A(x_1,y_1)$,$B(x_2,y_2)$.

联立$\begin{cases}y=kx+m,\\ \dfrac{x^2}{8}+\dfrac{y^2}{4}=1,\end{cases}$得$(1+2k^2)x^2+4kmx+2m^2-8=0$,

$\Delta=(4km)^2-4(1+2k^2)(2m^2-8)=8(8k^2-m^2+4)>0$ ①.

故$\begin{cases}x_1+x_2=\dfrac{-4km}{1+2k^2},\\ x_1x_2=\dfrac{2m^2-8}{1+2k^2}.\end{cases}$

因为 $k_{OA}k_{OB}=-\dfrac{b^2}{a^2}=-\dfrac{1}{2}$,所以$\dfrac{y_1y_2}{x_1x_2}=-\dfrac{1}{2}$.

所以 $y_1y_2=-\dfrac{1}{2}x_1x_2=-\dfrac{1}{2}\cdot\dfrac{2m^2-8}{1+2k^2}=-\dfrac{m^2-4}{1+2k^2}$.

又 $y_1y_2=(kx_1+m)(kx_2+m)=k^2x_1x_2+km(x_1+x_2)+m^2$

$$=k^2\frac{2m^2-8}{1+2k^2}+km\frac{-4km}{1+2k^2}+m^2=\frac{m^2-8k^2}{1+2k^2},$$

所以 $-\frac{m^2-4}{1+2k^2}=\frac{m^2-8k^2}{1+2k^2}$，故 $-(m^2-4)=m^2-8k^2$，所以 $4k^2+2=m^2$.

① $\overrightarrow{OA}\cdot\overrightarrow{OB}=x_1x_2+y_1y_2=\frac{2m^2-8}{1+2k^2}-\frac{m^2-4}{1+2k^2}=2-\frac{4}{1+2k^2}$.

所以 $-2=2-4\leqslant\overrightarrow{OA}\cdot\overrightarrow{OB}<2$.

当 $k=0$(此时满足①式)，即直线 AB 平行于 x 轴时，$\overrightarrow{OA}\cdot\overrightarrow{OB}$ 的最小值为 -2.

又直线 AB 的斜率不存在时，$\overrightarrow{OA}\cdot\overrightarrow{OB}=2$，所以 $\overrightarrow{OA}\cdot\overrightarrow{OB}$ 的最大值为 2.

② 设原点到直线 AB 的距离为 d，则

$$S_{\triangle AOB}=\frac{1}{2}|AB|\cdot d=\frac{1}{2}\sqrt{1+k^2}\cdot|x_2-x_1|\cdot\frac{|m|}{\sqrt{1+k^2}}$$

$$=\frac{|m|}{2}\sqrt{(x_1+x_2)^2-4x_1x_2}=\frac{|m|}{2}\sqrt{\left(\frac{-4km}{1+2k^2}\right)^2-4\frac{2m^2-8}{1+2k^2}}$$

$$=\frac{|m|}{2}\sqrt{\frac{64k^2}{m^2}-\frac{16(m^2-4)}{m^2}}=2\sqrt{4k^2-m^2+4}=2\sqrt{2}.$$

所以 $S_{四边形ABCD}=4S_{\triangle AOB}=8\sqrt{2}$，即四边形 $ABCD$ 的面积为定值.

【点评】 对于(2)，求 $\overrightarrow{OA}\cdot\overrightarrow{OB}$ 的最值问题时，将 $\overrightarrow{OA}\cdot\overrightarrow{OB}$ 用一个变量表示出来，利用函数的观点来解决. 解题时先设出 $y=kx+m$，其中有两个变量，因此根据 $k_{OA}k_{OB}=-\frac{b^2}{a^2}$ 找出 k,m 的关系，这样 $\overrightarrow{OA}\cdot\overrightarrow{OB}$ 就可用一个变量来表示，从而得到相应的函数关系式，再利用函数的知识来求其最值即可. 此类问题还常常结合基本不等式、导数等知识来求最值. 定值问题体现了“动”与“定”的辩证统一；最值问题体现了“变”的“范围”，也就是在变化中一些量的改变是有“界线”的，体现了“变”中的规律性.

六、弦中点问题

例 6 已知双曲线方程 $2x^2-y^2=2$，过点 $P(1,1)$ 能否作直线 l，使 l 与所给双曲线交于 A，B 两点，且点 P 是弦 AB 的中点？这样的直线如果存在，求出它的方程；如果不存在，请说明理由.

【解析】 假设满足条件的直线存在，设 $A(x_1,y_1)$，$B(x_2,y_2)$，则 $x_1+x_2=2$，$y_1+y_2=2$.

$x_1^2-\frac{y_1^2}{2}=1$，$x_2^2-\frac{y_2^2}{2}=1$，两式相减得

$(x_1+x_2)(x_1-x_2)-\frac{1}{2}(y_1+y_2)(y_1-y_2)=0$.

当 $x_1=x_2$ 时，由双曲线的对称性可知不满足题意；

当 $x_1\neq x_2$ 时，$k_{AB}=\frac{y_1-y_2}{x_1-x_2}=\frac{2(x_1+x_2)}{y_1+y_2}=2$.

故直线 AB：$y-1=2(x-1)$.

将其代入双曲线方程消去 y 得 $2x^2-4x+3=0$.

故 $\Delta=(-4)^2-4\times2\times3=-8<0$.

所以满足题意的直线不存在.

【点评】 解决这类问题的常用方法有两种. (1) 点差法：若设中点弦所在的直线与圆锥曲线的交点(弦的端点)坐标分别为 $A(x_1,y_1)$，$B(x_2,y_2)$，将这两点的坐标代入圆锥曲线的方程并对所得两式作差，得到一个与弦 AB 的中点和斜率有关的式子，可大大减少运算量，但要注意求出直线方程后代入曲线方程检验判别式. (2) 韦达定理法：联立中点弦所在的直线和圆锥曲线的方程，借助一元二次方程的根的判别式、韦达定理、中点坐标公式求解(读者可自行用韦达定理法再求解本题). 此方法是解决圆锥曲线中点弦问题的一般方法.

七、存在性问题

例 7 如图，椭圆 $C:\frac{x^2}{a^2}+\frac{y^2}{b^2}=1(a>b>0)$ 经过点 $P\left(1,\frac{3}{2}\right)$，离心率 $e=\frac{1}{2}$，直线 l 的方程为 $x=4$.

(1) 求椭圆 C 的方程.

(2) AB 是经过右焦点 F 的任一弦(不经过点 P)，设直线 AB 与直线 l 相交于点 M，记 PA,PB,PM 的斜率分别为 k_1,k_2,k_3. 问：是否存在常数 λ，使得 $k_1+k_2=\lambda k_3$？若存在，求 λ 的值；若不存在，说明理由.

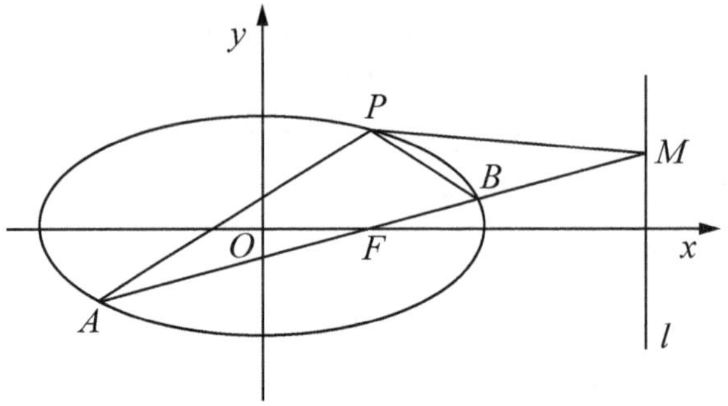

例 7 图

【解析】 (1) 由 $P\left(1,\frac{3}{2}\right)$ 在椭圆上得 $\frac{1}{a^2}+\frac{9}{4b^2}=1$ ①.

依题设知 $a=2c$，则 $b^2=3c^2$ ②.

将②式代入①式解得 $c^2=1,a^2=4,b^2=3$.

故椭圆 C 的方程为 $\frac{x^2}{4}+\frac{y^2}{3}=1$.

(2) 方法一　由题意可设 AB 的斜率为 k，则直线 AB 的方程为 $y=k(x-1)$ ③.

将③式代入椭圆方程 $3x^2+4y^2=12$ 并整理，得 $(4k^2+3)x^2-$

$8k^2x+4(k^2-3)=0$.

设 $A(x_1,y_1)$,$B(x_2,y_2)$,则

$x_1+x_2=\dfrac{8k^2}{4k^2+3}$,$x_1x_2=\dfrac{4(k^2-3)}{4k^2+3}$ ④.

在③式中令 $x=4$,得 M 的坐标为$(4,3k)$.

从而 $k_1=\dfrac{y_1-\frac{3}{2}}{x_1-1}$,$k_2=\dfrac{y_2-\frac{3}{2}}{x_2-1}$,$k_3=\dfrac{3k-\frac{3}{2}}{4-1}=k-\dfrac{1}{2}$.

注意到 A,F,B 共线,则有 $k=k_{AF}=k_{BF}$,即$\dfrac{y_1}{x_1-1}=\dfrac{y_2}{x_2-1}=k$.

$$\begin{aligned}所以\ k_1+k_2&=\frac{y_1-\frac{3}{2}}{x_1-1}+\frac{y_2-\frac{3}{2}}{x_2-1}\\&=\frac{y_1}{x_1-1}+\frac{y_2}{x_2-1}-\frac{3}{2}\left(\frac{1}{x_1-1}+\frac{1}{x_2-1}\right)\\&=2k-\frac{3}{2}\cdot\frac{x_1+x_2-2}{x_1x_2-(x_1+x_2)+1}\ ⑤.\end{aligned}$$

将④式代入⑤式得

$$k_1+k_2=2k-\frac{3}{2}\cdot\frac{\frac{8k^2}{4k^2+3}-2}{\frac{4(k^2-3)}{4k^2+3}-\frac{8k^2}{4k^2+3}+1}=2k-1.$$

又 $k_3=k-\dfrac{1}{2}$,所以 $k_1+k_2=2k_3$.故存在常数 $\lambda=2$ 符合题意.

方法二 设 $B(x_0,y_0)(x_0\neq1)$,则直线 FB:$y=\dfrac{y_0}{x_0-1}(x-1)$.

令 $x=4$,得 $M\left(4,\dfrac{3y_0}{x_0-1}\right)$.

从而直线 PM 的斜率 $k_3=\dfrac{2y_0-x_0+1}{2(x_0-1)}$.

联立$\begin{cases}y=\dfrac{y_0}{x_0-1}(x-1),\\\dfrac{x^2}{4}+\dfrac{y^2}{3}=1,\end{cases}$ 得 $A\left(\dfrac{5x_0-8}{2x_0-5},\dfrac{3y_0}{2x_0-5}\right)$.

于是直线 PA 的斜率为 $k_1=\dfrac{2y_0-2x_0+5}{2(x_0-1)}$，直线 PB 的斜率为 $k_2=\dfrac{2y_0-3}{2(x_0-1)}$.

所以 $k_1+k_2=\dfrac{2y_0-2x_0+5}{2(x_0-1)}+\dfrac{2y_0-3}{2(x_0-1)}=\dfrac{2y_0-x_0+1}{x_0-1}=2k_3$.

故存在常数 $\lambda=2$ 符合题意.

【点评】 一般地，在探究具备一定条件的几何对象的存在性时，先假定该几何对象存在，并借助解析几何知识将几何对象代数化，建立几何对象和部分未知量间的联系，再将几何条件转化为相应的关系式，进而把几何对象的存在性问题转化为相关未知量的计算.

抛物线母题变式延伸探析

学习过程中掌握一些典型的母题，是解题的“源头活水”，而要想由“源头活水”得到“清澈渠水”，就要厘清源头，采用不同的变式拓展，形成取之不竭、润泽万物的“活水”. 下面就从一个考查抛物线定义的母题出发，层层推进，采用多种灵活的方式考查对抛物线定义的应用，并将其与其他知识进行适当整合.

母题 若点 P 到 $(0,-2)$ 的距离与到直线 $y=2$ 的距离相等，则点 P 的轨迹方程为________________.

【分析】 本题直接考查了抛物线的定义，解题的关键是根据题目条件判断点 P 的轨迹类型，并找到其焦点或准线，从而得到点 P 的轨迹方程.

【解析】 由题意可知点 P 的轨迹方程为抛物线，且它的焦点为 $(0,-2)$，准线为 $y=2$，故其轨迹方程为 $x^2=-8y$.

变式 1 若点 P 到 $(0,-2)$ 的距离比到 x 轴的距离大 2，则点 P 的轨迹方程为________________.

【分析】 本题考查了抛物线的定义，相对于母题，本题的条件不那么“直接”了. 解题的关键是将题目给定的条件进行等价转化，从而使其符合抛物线的定义.

【解析】 点 P 到 $(0,-2)$ 的距离比到 x 轴的距离大 2，则 P 到 $(0,-2)$ 的距离与到直线 $y=2$ 的距离相等，故点 P 的轨迹为抛物线，且它的焦点为 $(0,-2)$，准线为 $y=2$，故其轨迹方程为 $x^2=-8y$.

【点评】 本题并没有直接考查抛物线的定义，而是稍微有所变化，考查了学生对抛物线定义的真正理解和灵活转化的能力，将“死的"知识学活，达到学以致用的目的.

变式 2 如图，有一张长为 8、宽为 4 的矩形纸片 $ABCD$，按图示方法进行折叠，使每次折叠后点 B 都落在 AD 边上，此时将 B 记为 B'（注：图中 EF 为折痕，点 F 也可落在边 CD 上）. 过 B' 作 $B'T \parallel CD$，交 EF 于 T 点，试求 T 点对应轨迹的标准方程.

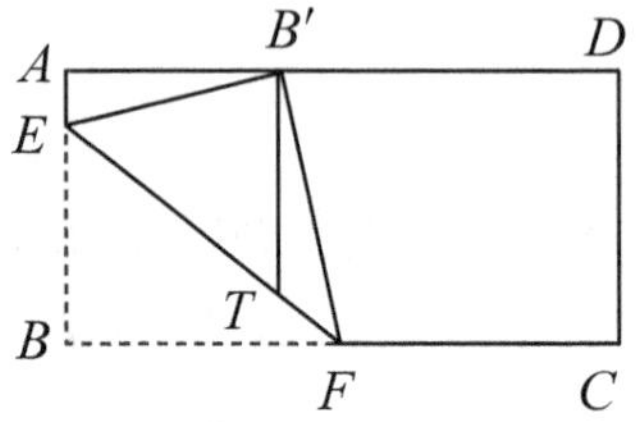

变式 2 图

【分析】 本题考查了抛物线的定义，与变式 1 的不同之处在于，本题给定的动点满足的几何关系不太明显，需认真分析并向抛物线的定义靠拢. 解题时首先分析出点 T 所具有的几何特征，即到点 B 的距离与到 AD 的距离相等，这样就可通过建立空间直角坐标系得到其标准方程.

【解析】 如图，以边 AB 的中点 O 为原点，AB 边所在直线为 y 轴建立平面直角坐标系，则 $B(0,-2)$. 因为 $|BT|=|B'T|$，$B'T\perp AD$，根据抛物线的定义，T 点的轨迹是以点 B 为焦点、AD 为准线的抛物线的一部分. 设 $T(x,y)$，$|AB|=4$，即定点 B 到定直线 AD 的距离为 4，所以抛物线方程为 $x^2=-8y$.

在折叠过程中，线段 AB' 的长度 $|AB'|$ 在区间 $[0,4]$ 上变化，而 $x=|AB'|$，所以 $0\leqslant x\leqslant 4$. 故 T 点的轨迹方程为 $x^2=-8y(0\leqslant x\leqslant 4)$.

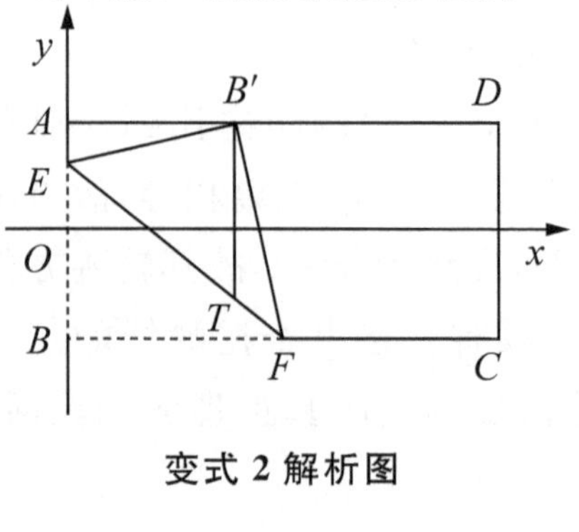

变式 2 解析图

【点评】 本题并没有直接考查抛物线的定义，看似是一道平面几何的对称问题，实则考查的是学生通过折叠、对称，能找到变量与不变量间的关系，进而转化为抛物线的定义. 本题实属考查学生解决问题的能力，这不是通过简单的刷题就能获得的.

变式 3 有一张长为 8、宽为 4 的矩形纸片 $ABCD$，将其放在以边 AB 的中点 O 为原点、AB 边所在直线为 y 轴建立的平面直角坐标系内. 现按图示方法进行折叠，使每次折叠后点 B 都落在 AD 边上，此时将 B 记为 B'（注：图中 EF 为折痕，点 F 也可落在边 CD 上）. 过 B' 作 $B'T \parallel CD$，交 EF 于 T 点，T 的轨迹为 G. 试求 G 与双曲线 $\frac{x^2}{4}-y^2=1$ 的渐近线的交点坐标.

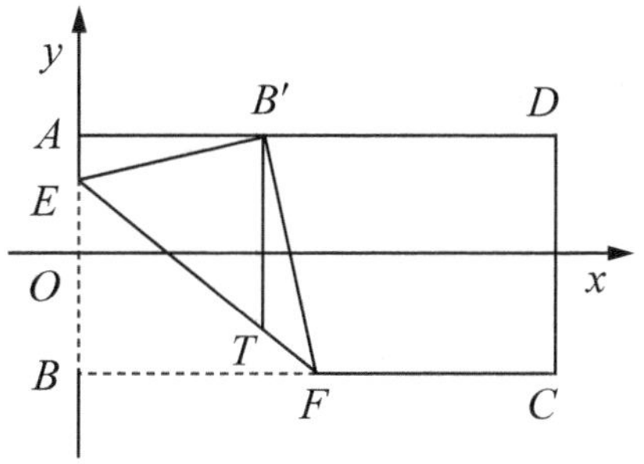

变式 3 图

【分析】 本题考查了抛物线的定义、双曲线的性质等. 相对于变式 2，本题又加入了双曲线的知识. 当然本题解题的难点仍然是由题目给定的条件得到 T 的轨迹 G 的标准方程，从而得到交点坐标.

【解析】 方法同变式 2，得到 T 点的轨迹方程为 $x^2=-8y(0\leqslant x\leqslant 4)$. 而 $\frac{x^2}{4}-y^2=1$ 的渐近线为 $y=\pm\frac{1}{2}x$，故交点坐标为 $(0,0)$，$(4,-2)$.

【点评】 变式 3 看似与抛物线没有关系，是一道解析几何问题，实则需要结合变式 2 找出 T 的轨迹 G 是什么图形，进而直接写出方程并求解. 从本题的变式来看，做题时不能只看表面，要把握问题的本质，灵活运用所学知识解决未知问题.

数列中最值问题解题策略探析

数列是一种特殊的函数，函数的一些性质及思想方法在数列中仍然适用. 数列中的最值问题是高考考查的热点，解决此类问题既要注意数列本身的特殊性，又要灵活应用函数求最值的方法.

一、特殊数列的最值问题

例 1 (1) 在等差数列$\{a_n\}$中，首项 $a_1<0$，前 n 项和 S_n满足 $S_9=S_{12}$，则使得 S_n最小的 $n=$________.

(2) 已知递增等比数列$\{a_n\}$的首项 $a_1=\frac{1}{2\ 020}$，若 $3a_3=2a_2+a_4$，则使得 $a_1a_2\cdots a_n$取得最小值的正整数n 为________.

【解析】 (1) *方法一* 因为 $S_9=S_{12}$，所以 $9a_1+\frac{9\times 8}{2}d=12a_1+\frac{12\times 11}{2}d$，得 $a_1=-10d$，故 $d>0$.

所以 $S_n=na_1+\frac{n(n-1)d}{2}=-10nd+\frac{n(n-1)d}{2}=\frac{d}{2}n^2-\frac{21}{2}nd$

$$=\frac{d}{2}(n^2-21n)=\frac{d}{2}\left[\left(n-\frac{21}{2}\right)^2-\frac{441}{4}\right].$$

因为 $n\in\mathbf{N}^*$，所以当 $n=10$ 或 11 时，S_n有最小值.

方法二 同方法一，$a_1=-10d$，则有 $a_n=-10d+(n-1)d=nd-11d$.

令 $a_n=nd-11d\leqslant 0$，则 $n\leqslant 11$. 所以当 $n=10$ 或 11 时，S_n 有最小值.

方法三 因为 $S_9=S_{12}$，所以 $a_{10}+a_{11}+a_{12}=0$，所以 $3a_{11}=0$，$a_{11}=0$.

因为 $a_1<0$，所以 $\{a_n\}$ 的前 10 项或前 11 项和最小.

方法四 因为 $S_9=S_{12}$，所以点 (n,S_n) 所在的抛物线的对称轴为 $x=\dfrac{9+12}{2}=10.5$.

又 $a_1<0$，所以 $\{a_n\}$ 的前 10 项或前 11 项的和最小.

(2) 由 $3a_3=2a_2+a_4$，可得 $3a_1q^2=2a_1q+a_1q^3$，故 $3q=2+q^2$，解得 $q=1$ 或 $q=2$.

因数列 $\{a_n\}$ 为递增数列，故 $q=2$，所以 $a_n=\dfrac{2^{n-1}}{2\ 020}$.

由 $a_n<1$ 可得 $a_n=\dfrac{2^{n-1}}{2\ 020}<1$，即 $2^{n-3}<505$，$n-3\leqslant 8$，所以 $n\leqslant 11$.

故使得 $a_1a_2\cdots a_n$ 取最小值的正整数 n 为 11.

【点评】 (1) 解决等差数列前 n 项和的最值问题的常用方法有：① 二次函数法，因为 S_n 是关于 n 的二次函数，所以可利用二次函数求最值的方法求其最值，但要注意 n 为正整数. ② 图象法，利用二次函数图象的对称性来确定 n 取何值时 S_n 取最值，但要注意对称轴不是正整数的情况. 比如，$n=10.5$，那么当 n 取 10 或 11 时 S_n 取最值. ③ 利用通项，当 $a_1>0$，$d<0$ 时，S_n 有最大值，易知满足 $a_n\geqslant 0$ 的最大 n 值可使 S_n 取最大值；当 $a_1<0$，$d>0$ 时，S_n 有最小值，易知满足 $a_n\leqslant 0$ 的最大 n 值可使 S_n 取最小值.

(2) 类比等差数列前 n 项和的最值问题，研究等比数列前 n 项乘积的最值时，可从通项入手，通过寻找"大于等于 1 的项"或"小于等于 1 的项"求其最值.

二、利用函数的单调性研究数列的最值

例 2 已知 $a_n=\dfrac{n-\sqrt{97}}{n-\sqrt{98}}(n\in\mathbf{N}^*)$，则在数列$\{a_n\}$的前 30 项中最大项和最小项分别是第________项和第________项.

【解析】 因为 $a_n=\dfrac{n-\sqrt{97}}{n-\sqrt{98}}=1+\dfrac{\sqrt{98}-\sqrt{97}}{n-\sqrt{98}}$，所以点$(n,a_n)$是函数$f(x)=1+\dfrac{\sqrt{98}-\sqrt{97}}{x-\sqrt{98}}$上的一些孤立点.

而函数 $f(x)=1+\dfrac{\sqrt{98}-\sqrt{97}}{x-\sqrt{98}}$是由 $y=\dfrac{\sqrt{98}-\sqrt{97}}{x}$图象上的各点向右平移$\sqrt{98}$个单位长度，再向上平移 1 个单位长度得到的，因此$f(x)$在$(-\infty,\sqrt{98})$内是减函数，在$(\sqrt{98},+\infty)$内也是减函数. 从而当 $n=9$ 时，a_n最小；当 $n=10$ 时，a_n最大.

【点评】 数列是一种特殊的函数，利用函数研究数列时，要注意数列的特殊性：定义域为正整数集(或它的有限子集).

三、利用作差法或作商法判断单调性、求最值

例 3 (1) 若数列$\{a_n\}$满足 $2\lg n+\lg a_n=n\lg 2(n\in\mathbf{N}^*)$，则 a_n的最小值为 ( )

A. lg2　　B. 2　　C. $\dfrac{8}{9}$　　D. 1

(2) 若数列$\left\{n(n+4)\left(\dfrac{2}{3}\right)^n\right\}$中的最大项是第 k 项，则 $k=$________.

【解析】 (1) 由 $2\lg n+\lg a_n=n\lg 2$ 可得 $\lg n^2+\lg a_n=\lg 2^n$.

故 $a_n=\dfrac{2^n}{n^2}$.

又 $\dfrac{a_{n+1}}{a_n}=\dfrac{\frac{2^{n+1}}{(n+1)^2}}{\frac{2^n}{n^2}}=\dfrac{2n^2}{(n+1)^2}$，由 $2n^2-(n+1)^2=n^2-2n-1=(n-1)^2-2$ 易知：

当 $n=1,2$ 时，$2n^2<(n+1)^2$，$\dfrac{a_{n+1}}{a_n}=\dfrac{2n^2}{(n+1)^2}<1$，即 $a_{n+1}<a_n$；

当 $n\geqslant 3$ 时，$2n^2>(n+1)^2$，$\dfrac{a_{n+1}}{a_n}=\dfrac{2n^2}{(n+1)^2}>1$，即 $a_{n+1}>a_n$.

因此，a_n 的最小值为 $a_3=\dfrac{8}{9}$.

(2)
$$\begin{aligned}a_{n+1}-a_n&=(n+1)(n+5)\left(\frac{2}{3}\right)^{n+1}-n(n+4)\left(\frac{2}{3}\right)^n\\&=\left(\frac{2}{3}\right)^n\left[\frac{2}{3}(n+1)(n+5)-n(n+4)\right]\\&=\left(\frac{2}{3}\right)^n\left(-\frac{1}{3}n^2+\frac{10}{3}\right).\end{aligned}$$

令 $a_{n+1}-a_n>0$，即 $-\dfrac{1}{3}n^2+\dfrac{10}{3}>0$，解得 $n^2<10$.

故当 $n=1,2,3$ 时，$a_{n+1}-a_n>0$；当 $n\geqslant 4$ 时，$a_{n+1}-a_n<0$.

故最大项是 a_4，则 $k=4$.

【点评】 利用作差或作商确定数列相邻两项的大小后，就得到数列的单调性，从而可求得最值. 作差和作商两种方法的实质是相同的，但利用作商法时要注意各项的符号.

四、利用基本不等式求数列的最值

例 4 （1）已知数列$\{a_n\}$满足$a_1=48$，$a_{n+1}-a_n=6n$，则$\frac{a_n}{n}$的最小值为________.

（2）若数列$\{a_n\}$满足$\frac{1}{a_{n+1}}-\frac{p}{a_n}=0$，$n\in\mathbf{N}^*$，$p$为非零常数，则称数列$\{a_n\}$为可塑数列. 已知正项数列$\left\{\frac{1}{b_n}\right\}$为可塑数列，且$b_1b_2b_3\cdots b_{99}=5^{99}$，则$b_{10}+b_{90}$的最小值是（　　）

A. 20　　B. 10　　C. 60　　D. 5

【解析】 （1）
$$\begin{aligned}a_n&=(a_n-a_{n-1})+(a_{n-1}-a_{n-2})+(a_{n-2}-a_{n-3})+\cdots+(a_2-a_1)+a_1\\&=48+6[1+2+3+\cdots+(n-1)]\\&=3n^2-3n+48.\end{aligned}$$

故$\frac{a_n}{n}=\frac{3n^2-3n+48}{n}=3n+\frac{48}{n}-3\geqslant 21$.

当且仅当$3n=\frac{48}{n}$，即$n=4$时等号成立.

（2）依题意可得$b_{n+1}=pb_n$，则数列$\{b_n\}$为等比数列.

又$b_1b_2b_3\cdots b_{99}=5^{99}$，则$b_{50}=5$，$b_{10}+b_{90}\geqslant 2\sqrt{b_{10}\cdot b_{90}}=2b_{50}=10$. 当且仅当$b_{10}=b_{90}$，即该数列为常数列时取等号. 故选 B.

【点评】 求由数列所构成的目标式的最值时，若有对应的定值存在，可考虑利用基本不等式求解. 求解时要满足基本不等式求最值的条件“一正二定三相等”. 挖掘对应定值的存在性是解题的关键.

五、利用导数求数列的最值

例 5 (1) 已知等差数列$\{a_n\}$的前 n 项和为 S_n，且 $S_{m-1}=-2$，$S_m=0$，$S_{m+1}=3(m\geqslant 2)$，则 nS_n的最小值为 ( )

A. -3　　B. -5　　C. -6　　D. -9

(2) 若正项递增等比数列$\{a_n\}$满足 $1+(a_2-a_4)+\lambda(a_3-a_5)=0$ $(\lambda\in\mathbf{R})$，则 $a_8+\lambda a_9$ 的最小值为________.

【解析】 (1) 由 $S_{m-1}=-2$，$S_m=0$，$S_{m+1}=3(m\geqslant 2)$可知 $a_m=2$，$a_{m+1}=3$.

设等差数列$\{a_n\}$的公差为 d，则 $d=1$.

因为 $S_m=0$，所以 $a_1+a_m=0$，故 $a_1=-2$，则 $a_n=-2+(n-1)\times 1=n-3$. 故 $S_n=\dfrac{n(n-5)}{2}$，所以 $nS_n=\dfrac{n^2(n-5)}{2}$.

设 $f(x)=\dfrac{x^2(x-5)}{2}(x>0)$，故 $f'(x)=\dfrac{3}{2}x^2-5x(x>0)$.

易知 $f(x)$的极小值点为 $x=\dfrac{10}{3}$.

因为 $n\in\mathbf{N}^*$，且 $f(3)=-9$，$f(4)=-8$，所以 $f(n)_{\min}=-9$. 故选 D.

(2) 设等比数列的通项公式为 $a_n=a_1q^{n-1}$，其中 $a_1>0$，$q>1$.

由 $1+(a_2-a_4)+\lambda(a_3-a_5)=0$，得 $1+(a_1q-a_1q^3)+\lambda(a_1q^2-a_1q^4)=0$，整理得 $1+\lambda q=\dfrac{1}{a_1q(q^2-1)}$.

所以 $a_8+\lambda a_9=a_8(1+\lambda q)=\dfrac{a_1q^7}{a_1q(q^2-1)}=\dfrac{q^6}{q^2-1}$.

令 $q^2-1=t$，则 $t>0$，于是

$a_8+\lambda a_9=f(t)=\dfrac{(t+1)^3}{t}$

$$=\frac{(t+1)(t+1)^2}{t}=t^2+3t+3+\frac{1}{t},$$

$$f'(t)=\frac{(t+1)^2(2t-1)}{t^2}.$$

当 $0<t<\frac{1}{2}$时，$f'(t)<0$；当 $t>\frac{1}{2}$时，$f'(t)>0$.

所以当 $t=\frac{1}{2}$，即 $q=\frac{\sqrt{6}}{2}$时，$f(t)_{\min}=f\left(\frac{1}{2}\right)$.

即 $a_8+\lambda a_9$ 的最小值为$\frac{27}{4}$.

【点评】 此类问题体现了数列、函数、导数的综合应用.题目所求的目标式对应的函数都可化为三次函数，求其最值时应充分利用导数.

创新与应用问题探析

这部分内容涉及计数原理、随机变量及其分布、统计案例等，是高中数学的主干知识——概率与统计的重要组成部分，也是应用问题考查的热点. 下面结合具体例题总结一下这部分试题的重要特征.

一、具有丰富的问题情境

概率与统计在生产和生活中有着广泛的应用，学习数学知识是为了应用，这一点在这部分表现得尤为显著. 在考查数学知识时，往往会结合丰富的问题情境，与现实生活中的一些模型或者热点事件进行有机整合，使得整个问题看起来很“冗杂”. 因此，在解决此类问题时，我们要善于在冗长的信息中提取有用的信息，切忌被一些“无用”的“背景”所迷惑.

例 1 数学与文学之间存在着许多奇妙的联系. 诗中有回文诗，如“云边月影沙边雁，水外天光山外树”，倒过来读，便是“树外山光天外水，雁边沙影月边云”，其意境和韵味读来真是一种享受！数学中也有回文数，如 88，454，7337，43534 等都是回文数，即无论从左往右读，还是从右往左读，都是同一个数，这样的数称为回文数. 回文数读起来还真有趣！

两位的回文数有 11，22，33，44，55，66，77，88，99，共 9 个；

三位的回文数有 101，111，121，131，…，969，979，989，999，共 90 个.

四位的回文数有 1001，1111，1221，…，9669，9779，9889，9999，

共 90 个.

由此猜测:10 位的回文数总共有______个.

【解析】 根据题意可知,第 1 位和第 10 位上填写的数字相同,共有 9 种;第 2 位和第 9 位上填写的数字相同,共有 10 种. 同理可知,第 3 位和第 8 位、第 4 位和第 7 位、第 5 位和第 6 位上都为 10 种填法. 由分步乘法计数原理可知共有 $9\times10\times10\times10\times10=90\,000$ 个.

【点评】 本题由回文诗引入了回文数,目的是增强对回文数的理解. 抓住问题的本质,易知可利用分步乘法计数原理来分步"对称填充".

例 2 如图,用 K,A_1,A_2 三类不同的元件连接成一个系统. 当 K 正常工作且 A_1,A_2 中至少有一个正常工作时,系统正常工作. 已知 K,A_1,A_2 正常工作的概率依次为 0.9,0.8,0.8,则系统正常工作的概率为 ( )

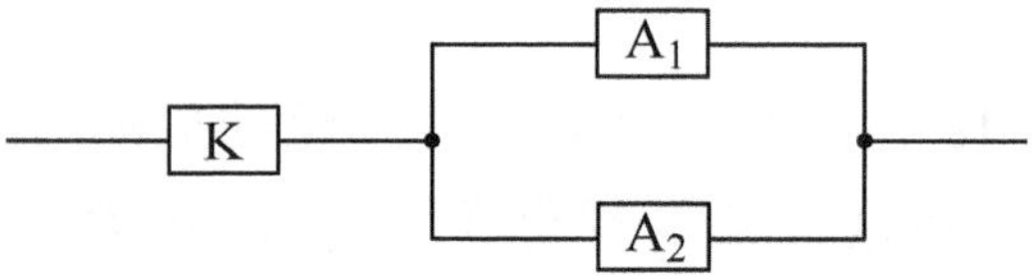

例 2 图

A. 0.960　　B. 0.864　　C. 0.720　　D. 0.576

【分析】 本题借助串联、并联电路考查事件的互斥和相互独立性. 由问题情境提炼得到:要使系统正常工作,则 K 正常工作,A_1,A_2 中至少有一个能正常工作. 本题结合相互对立事件、相互独立事件的概率来求解即可.

【解析】 所求概率为

$$\begin{aligned}P&=P_K[1-(1-P_{A_1})(1-P_{A_2})]\\&=0.9[1-(1-0.8)\times(1-0.8)]\\&=0.864.\end{aligned}$$

故选 B.

二、具有较强的综合性

这部分内容的一个考查重点就是离散型随机变量的期望和方差，常与古典概型、几何概型、计数原理、事件的互斥和独立等知识相结合，求相应变量的分布列是解决此类问题的关键. 另外，还要注意常见的分布（如超几何分布、二项分布等）的分布列和期望、方差的求法.

例 3 某市公租房的房源位于 A，B，C 三个片区，设每位申请人只能申请其中一个片区的房源，且申请其中任意一个片区的房源是等可能的，求该市任意 4 位申请人中：

（1）恰有 2 人申请 A 片区房源的概率；

（2）申请的房源所在片区的个数 ξ 的分布列与期望.

【解析】（1）*方法一* 所有可能的申请方式有 3^4 种，恰有 2 人申请 A 片区房源的申请方式有 $C_4^2 \cdot 2^2$ 种，从而恰有 2 人申请 A 片区房源的概率为 $\frac{C_4^2 \cdot 2^2}{3^4}=\frac{8}{27}$.

方法二 设对每位申请人的观察为一次试验，这是 4 次独立重复试验.

记“申请 A 片区房源”为事件 A，则 $P(A)=\frac{1}{3}$. 从而，由独立重复试验中事件 A 恰发生 k 次的概率计算公式知，恰有 2 人申请 A 片区房源的概率为 $P=C_4^2\left(\frac{1}{3}\right)^2\left(\frac{2}{3}\right)^2=\frac{8}{27}$.

（2）ξ 的所有可能取值为 1，2，3. 又 $P(\xi=1)=\frac{3}{3^4}=\frac{1}{27}$，

$$P(\xi=2)=\frac{C_3^2(C_2^1C_4^3+C_4^2C_2^2)}{3^4}=\frac{14}{27}\left[\text{或 } P(\xi=2)=\frac{C_3^2(2^4-2)}{3^4}=\frac{14}{27}\right],$$

$$P(\xi=3)=\frac{C_3^1C_4^2C_2^1}{3^4}=\frac{4}{9}\left[\text{或 } P(\xi=3)=\frac{C_4^2A_3^3}{3^4}=\frac{4}{9}\right].$$

综上所述，ξ 的分布列为

ξ	1	2	3
P	$\frac{1}{27}$	$\frac{14}{27}$	$\frac{4}{9}$

从而有 $E(\xi)=1\times\frac{1}{27}+2\times\frac{14}{27}+3\times\frac{4}{9}=\frac{65}{27}$.

【点评】 概率统计问题一般给出具体的问题情境，阅读量较大，准确理解题目所给信息，将给出的实际问题转化为对应的数学模型是解题的关键. 问题(1)中“恰有 2 人申请 A 片区房源”这个事件可看作古典概型，也可看作独立重复试验的模型，因此古典概型和独立重复试验的模型并不是独立的，而是相互联系的，有时可以相互转化. 在解决此类问题时，要根据实际情况选择相应的模型. 问题(2) 中“$P(\xi=2)$”的求法，实际上隐含了平均分组问题，注意识别.

例 4 为了解某班学生喜爱打篮球是否与性别有关，对本班 50 人进行了问卷调查，得到如下列联表：

类别	喜爱打篮球	不喜爱打篮球	合计
男生		5	
女生	10		
合计			50

已知从全班 50 人中随机抽取 1 人，抽到喜爱打篮球的学生的概率为 $\frac{3}{5}$.

(1) 请将上面的列联表补充完整(不用写出计算过程).

(2) 能否在犯错误的概率不超过 0.005 的前提下认为喜爱打篮球与性别有关？说明你的理由.

(3) 现从女生中抽取 2 人进一步调查，设其中喜爱打篮球的女生人数为 ξ，求 ξ 的分布列与期望.

下面的临界值表供参考：

$P(\chi^2 \geqslant k)$	0.15	0.10	0.05	0.025	0.010	0.005	0.001
k	2.072	2.706	3.841	5.024	6.635	7.879	10.828

参考公式：$\chi^2=\dfrac{n(ad-bc)^2}{(a+b)(c+d)(a+c)(b+d)}$，其中 $n=a+b+c+d$.

【分析】 本题考查了概率的求法、独立性检验的方法、分布列和期望的求法等.对于(1)，已知从全班 50 人中随机抽取 1 人，抽到喜爱打篮球的学生的概率为 $\dfrac{3}{5}$，从而可求出喜爱打篮球的人数，这样就可补全列联表；对于(2)，要理解独立性检验的基本思想；(3)服从超几何分布.

【解析】 (1) 列联表补充如下：

类别	喜爱打篮球	不喜爱打篮球	合计
男生	20	5	25
女生	10	15	25
合计	30	20	50

(2) 因为 $\chi^2=\dfrac{50\times(20\times15-10\times5)^2}{30\times20\times25\times25}\approx8.333>7.879$，所以在犯错误的概率不超过 0.005 的前提下，认为喜爱打篮球与性别有关.

(3) 喜爱打篮球的女生人数的可能取值为 0,1,2，其概率分别为

$P(\xi=0)=\dfrac{C_{10}^{0}C_{15}^{2}}{C_{25}^{2}}=\dfrac{7}{20}$，$P(\xi=1)=\dfrac{C_{10}^{1}C_{15}^{1}}{C_{25}^{2}}=\dfrac{1}{2}$，

$P(\xi=2)=\dfrac{C_{10}^{2}C_{15}^{0}}{C_{25}^{2}}=\dfrac{3}{20}$.

故 ξ 的分布列为

ξ	0	1	2
P	$\dfrac{7}{20}$	$\dfrac{1}{2}$	$\dfrac{3}{20}$

ξ 的期望值为 $E(\xi)=0\times\dfrac{7}{20}+1\times\dfrac{1}{2}+2\times\dfrac{3}{20}=\dfrac{4}{5}$.

【点评】 总体来说，这部分内容在考查时会凸显创新性，主要是利用一些具有时代性和生活性的背景阐述问题，但其实就是“老醋装新瓶”. 将背景剔除后的问题就是常见的问题. 另外，这部分内容往往还会凸显综合性，将概率与统计知识进行有机整合，全面考查.

二项分布问题探析

二项分布是应用最广泛的离散型随机变量概率模型之一，它与事件的相互独立性有很深的渊源，求其概率是考查的重点，常常与事件的互斥和对立结合考查. 下面结合具体的例子来分析二项分布问题.

一、二项分布概述

若事件 $A_1, A_2, \cdots, A_n$ 相互独立，则 $P(A_1 \cdot A_2 \cdot \cdots \cdot A_n) = P(A_1) \cdot P(A_2) \cdot \cdots \cdot P(A_n)$. 如果事件 $A_1, A_2, \cdots, A_n$ 对应的是同样的试验，那么这就是 n 次独立重复试验. 在 n 次独立重复试验中，设事件 A 发生的次数为 X，在每次试验中事件 A 发生的概率为 p，那么在 n 次独立重复试验中，事件 A 恰好发生 k 次的概率为 $P(X=k)=\mathrm{C}_n^k p^k(1-p)^{n-k}$，其中 $k=0,1,2,3,\cdots,n$. 这样的随机变量 X 就服从二项分布，记作 $X \sim B(n,p)$.

因此，X 服从二项分布的前提条件是“在 n 次独立重复试验中”，也就是以事件的相互独立为基础.

二、二项分布的概率求法

例 1 袋中有 8 个白球、2 个黑球，从中随机连续有放回地抽取 3 次，每次取 1 个球. 求取到黑球的个数 X 的分布列.

【分析】 连续抽取 3 次就相当于做了 3 次独立重复试验，因此抽到黑球的个数 X 服从二项分布，并且次数为 3，每次试验事件发生的概率均为$\frac{1}{5}$.

【解析】 (1) 取到黑球的个数 X 可能的取值为 0,1,2,3. 又由于每次取到黑球的概率均为$\frac{1}{5}$，3 次取球取到黑球的个数 X 服从二项分布，即 $X \sim B\left(3,\frac{1}{5}\right)$. 所以

$$P(X=0)=C_3^0\left(\frac{1}{5}\right)^0\times\left(\frac{4}{5}\right)^3=\frac{64}{125},$$

$$P(X=1)=C_3^1\left(\frac{1}{5}\right)^1\times\left(\frac{4}{5}\right)^2=\frac{48}{125},$$

$$P(X=2)=C_3^2\left(\frac{1}{5}\right)^2\times\left(\frac{4}{5}\right)^1=\frac{12}{125},$$

$$P(X=3)=C_3^3\left(\frac{1}{5}\right)^3\times\left(\frac{4}{5}\right)^0=\frac{1}{125}.$$

因此，X 的分布列为

X	0	1	2	3
P	$\frac{64}{125}$	$\frac{48}{125}$	$\frac{12}{125}$	$\frac{1}{125}$

【点评】 (1) 在 n 次独立重复试验中，事件 A 恰好发生 k 次的概率为 $P(X=k)=C_n^k p^k(1-p)^{n-k}(k=0,1,2,\cdots,n)$. 在利用该公式时一定要清楚公式中的 n,k 各是多少.

(2) 对于有放回地抽样，由于每次抽取时的条件相同，所以这种抽样对应着独立重复试验，有放回地抽取 n 次，抽到某件产品的次数服从二项分布，从而可利用二项分布来求其概率.

跟踪练习

抛掷两颗骰子，取其中一颗的点数为点 P 的横坐标，另一颗的点数为点 P 的纵坐标，求连续抛掷这两颗骰子 3 次，点 P 在圆 $x^2+y^2=16$ 内的次数 X 的分布列.

【解析】 由题意可知，点 P 的坐标可能有 $6\times6=36$ 种情况，而符合题意的点 P 只有下列 8 个：(1,1)，(1,2)，(1,3)，(2,1)，(2,2)，(2,3)，(3,1)，(3,2). 那么在抛掷骰子时，点 P 在圆 $x^2+y^2=16$ 内的概率为 $\frac{8}{36}=\frac{2}{9}$.

由题意可知 $X\sim B\left(3,\frac{2}{9}\right)$，所以

$$P(X=0)=C_3^0\left(\frac{2}{9}\right)^0\times\left(\frac{7}{9}\right)^3=\frac{343}{729},$$

$$P(X=1)=C_3^1\left(\frac{2}{9}\right)^1\times\left(\frac{7}{9}\right)^2=\frac{294}{729},$$

$$P(X=2)=C_3^2\left(\frac{2}{9}\right)^2\times\left(\frac{7}{9}\right)^1=\frac{84}{729},$$

$$P(X=3)=C_3^3\left(\frac{2}{9}\right)^3\times\left(\frac{7}{9}\right)^0=\frac{8}{729}.$$

故 X 的分布列为

X	0	1	2	3
P	$\frac{343}{729}$	$\frac{294}{729}$	$\frac{84}{729}$	$\frac{8}{729}$

三、二项分布与互斥事件和对立事件

例 2 甲、乙两人各进行 3 次射击，甲每次击中目标的概率为 $\frac{1}{2}$，乙每次击中目标的概率为 $\frac{2}{3}$. 求：

(1) 甲恰好击中目标 2 次的概率；

(2) 乙至少击中目标 2 次的概率；

(3) 乙恰好比甲多击中目标 2 次的概率.

【分析】 对于问题(1)(2)，直接利用二项分布求解；对于问题(3)，事件"乙恰好比甲多击中目标 2 次"包括"乙恰好击中目标 2 次且甲恰好击中目标 0 次"和"乙恰好击中目标 3 次且甲恰好击中目标 1 次"两种情况.

【解析】 (1) 设 X 为甲击中目标的次数，则 $X \sim B\left(3, \frac{1}{2}\right)$，故甲恰好击中目标 2 次的概率为 $P(X=2)=C_3^2\left(\frac{1}{2}\right)^3=\frac{3}{8}$.

(2) 设 Y 为乙击中目标的次数，则 $Y \sim B\left(3, \frac{2}{3}\right)$，故乙至少击中目标 2 次的概率为

$$P(Y \geqslant 2)=P(Y=2)+P(Y=3)$$

$$=C_3^2\left(\frac{2}{3}\right)^2 \cdot \frac{1}{3}+C_3^3\left(\frac{2}{3}\right)^3=\frac{20}{27}.$$

(3) 设"乙恰好比甲多击中目标 2 次"为事件 A，则事件 A 包含以下 2 个互斥事件. 设 B_1 为事件"乙恰好击中目标 2 次且甲恰好击中目标 0 次"，则

$$P(B_1)=C_3^2\left(\frac{2}{3}\right)^2\left(\frac{1}{3}\right) \times C_3^0\left(\frac{1}{2}\right)^3=\frac{1}{18}.$$

设 B_2 为事件"乙恰好击中目标 3 次且甲恰好击中目标 1 次"，则

$$P(B_2)=C_3^3\left(\frac{2}{3}\right)^3\times C_3^1\left(\frac{1}{2}\right)^3=\frac{1}{9}.$$

于是 $P(A)=P(B_1)+P(B_2)=\frac{1}{18}+\frac{1}{9}=\frac{1}{6}$.

即乙恰好比甲多击中目标 2 次的概率为$\frac{1}{6}$.

【点评】 本题将事件"乙至少击中目标 2 次"和事件"乙恰好比甲多击中目标 2 次"都转化为两个互斥事件，通过合理的分类讨论使题目得解. 对于此类复杂事件的概率，通常有两种求法：一是将所求事件的概率转化成一些彼此互斥的事件的概率的和；二是先求此事件的对立事件的概率，再利用公式 $P(A)=1-P(\overline{A})$ 即可求出所求事件的概率.

跟踪练习

假定人在一年 365 天中任一天出生的概率相同. 某班有 50 个学生，其中有两个及两个以上的学生生于元旦的概率是多少？（保留小数点后四位）

【解析】 设"一个人的生日是元旦"为事件 A，研究 50 个学生的生日相当于 50 次独立重复试验. 设 50 个学生中生于元旦的人数为 ξ，则$\xi\sim B\left(50,\frac{1}{365}\right)$，故

$$P(\xi=0)=C_{50}^0\left(\frac{1}{365}\right)^0\cdot\left(\frac{364}{365}\right)^{50},$$

$$P(\xi=1)=C_{50}^1\left(\frac{1}{365}\right)^1\cdot\left(\frac{364}{365}\right)^{49}.$$

所以，两个及两个以上的学生生于元旦的概率为

$$\begin{aligned}P(\xi\geqslant 2)&=1-P(\xi<2)=1-P(\xi=0)-P(\xi=1)\\&=1-C_{50}^0\left(\frac{1}{365}\right)^0\cdot\left(\frac{364}{365}\right)^{50}-C_{50}^1\left(\frac{1}{365}\right)^1\cdot\left(\frac{364}{365}\right)^{49}\\&\approx 0.008\,5.\end{aligned}$$

二项分布与超几何分布问题探析

二项分布和超几何分布是两类重要的概率分布模型，这两类分布有很多相似之处，在应用时应注意各自的适用条件和情境，避免因混用而出错. 下面结合一个典型例题来体会两类分布的不同.

例 1 某农场计划种植某种新作物，为此对这种作物的两个品种(分别称为品种甲和品种乙)进行田间试验. 现在从 8 小块地中随机选 4 小块地种植品种甲，另外 4 小块地种植品种乙. 种植完成后，若随机选出 4 小块地，其中种植品种甲的小块地的数目记为 X，求 X 的分布列和数学期望.

【错解】 根据题意可知 X 服从二项分布，每小块地种植品种甲的概率为 $\frac{C_7^3}{C_8^4}=\frac{1}{2}$，故 $X\sim B(4,0.5)$，据此可求出其分布列和数学期望.

【分析】 错解中误认为 X 服从二项分布. 其错误的根源在于，每小块地种植品种甲或品种乙不是相互独立的，它们之间是相互制约的，无论怎么种植都要保证 8 小块地中有 4 小块种植品种甲，4 小块种植品种乙. 事实上，X 应服从超几何分布.

【正解】 X 可能的取值为 0，1，2，3，4，且

$P(X=0)=\frac{1}{C_8^4}=\frac{1}{70}$，$P(X=1)=\frac{C_4^1C_4^3}{C_8^4}=\frac{8}{35}$，

$P(X=2)=\frac{C_4^2C_4^2}{C_8^4}=\frac{18}{35}$，$P(X=3)=\frac{C_4^3C_4^1}{C_8^4}=\frac{8}{35}$，

$P(X=4)=\frac{1}{C_8^4}=\frac{1}{70}$.

所以 X 的分布列为

X	0	1	2	3	4
P	$\frac{1}{70}$	$\frac{8}{35}$	$\frac{18}{35}$	$\frac{8}{35}$	$\frac{1}{70}$

X 的数学期望为

$$E(X)=0\times\frac{1}{70}+1\times\frac{8}{35}+2\times\frac{18}{35}+3\times\frac{8}{35}+4\times\frac{1}{70}=2.$$

【点评】 如果将题目改为：在 8 块地中要么种植品种甲，要么种植品种乙，那么在选出的 4 块地中种植甲的地的数目为 X，这时显然有 $X\sim B(4,0.5)$.（这时这 8 块地种植的方法总数为 2^8 种，会出现所有地都种植一种作物的情况. 而题目要求 4 块地种植品种甲，4 块种植品种乙，其方法总数为 C_8^4.）

本题给我们的启示是：在利用二项分布时，一定要注意二项分布适用的问题情境是独立重复试验. 如果试验的结果不相互独立，那么就不能用二项分布. 特别地，在产品抽样过程中，一般来说超几何分布对应的是“不放回抽样”，而二项分布对应的是“有放回抽样”，因为“有放回抽样”能保证每次抽取都是相互独立的.

跟踪练习

某高校设计了某学科的一个实验考察方案：考生从 6 道备选题中一次性随机抽取 3 道题，按照题目要求独立完成全部实验操作. 规定：至少正确完成其中 2 道题的便可提交通过. 已知 6 道备选题中考生甲有 4 道题能正确完成，2 道题不能完成；考生乙每道题正确完成的概率都是 $\frac{2}{3}$，且每道题正确完成与否互不影响.

(1) 分别写出甲、乙两位考生正确完成题数的概率分布列，并计算数学期望；

(2) 试从两位考生正确完成题数的数学期望及至少正确完成

2 道题的概率分析比较两位考生的实验操作能力.

【解析】 (1) 设考生甲、乙正确完成实验操作的题数分别为 ξ, η,则 ξ 的取值分别为 1,2,3,η 的取值分别为 0,1,2,3.

$$P(\xi=1)=\frac{C_4^1C_2^2}{C_6^3}=\frac{1}{5},P(\xi=2)=\frac{C_4^2C_2^1}{C_6^3}=\frac{3}{5},P(\xi=3)=\frac{C_4^3C_2^0}{C_6^3}=\frac{1}{5}.$$

所以考生甲正确完成题数的概率分布列为

ξ	1	2	3
P	$\frac{1}{5}$	$\frac{3}{5}$	$\frac{1}{5}$

$$E(\xi)=1\times\frac{1}{5}+2\times\frac{3}{5}+3\times\frac{1}{5}=2.$$

因为 $P(\eta=0)=C_3^0\left(1-\frac{2}{3}\right)^3=\frac{1}{27}$,同理

$$P(\eta=1)=\frac{6}{27},P(\eta=2)=\frac{12}{27},P(\eta=3)=\frac{8}{27},$$

所以考生乙完成题数的概率分布列为

η	0	1	2	3
P	$\frac{1}{27}$	$\frac{6}{27}$	$\frac{12}{27}$	$\frac{8}{27}$

$$E(\eta)=0\times\frac{1}{27}+1\times\frac{6}{27}+2\times\frac{12}{27}+3\times\frac{8}{27}=2.$$

(2) 因为 $P(\xi\geqslant2)=\frac{3}{5}+\frac{1}{5}=0.8,P(\eta\geqslant2)=\frac{12}{27}+\frac{8}{27}\approx0.74$,

所以 $P(\xi\geqslant2)>P(\eta\geqslant2)$.

故从做对题数的数学期望来看,两人水平相当;从至少完成 2 道题的概率来看,甲通过的可能性大.因此可以判断甲的实验操作能力较强.

二项式通项公式的应用问题探析

二项式$(a+b)^n$的展开式的通项公式为$C_n^r a^{n-r} b^r$，它集中体现了二项展开式中指数、项数、系数的变化，是二项式的灵魂，在求展开式的某些指定项或指定项的系数、特定项等方面有广泛的应用.

一、求指定的项及其系数

例 1 (1) 若$\left(x+\frac{1}{2x}\right)^n$的展开式中前三项的系数成等差数列，则展开式中$x^4$项的系数为________.

(2) $\left(x-\frac{1}{x}\right)^{2n}$的展开式中，中间项是________.

【分析】 (1) 由展开式中前三项的系数成等差数列，可以求出相应的n的值，这样就可利用通项公式求出x^4的项，进而得到其系数.

(2) 由二项式系数的性质知，求展开式的中间项，只需判断幂指数的奇偶特征即可.

【解析】 (1) 因为$\left(x+\frac{1}{2x}\right)^n$的展开式中前三项的系数$C_n^0$，$\frac{1}{2}C_n^1$，$\frac{1}{4}C_n^2$成等差数列，所以$C_n^0+\frac{1}{4}C_n^2=C_n^1$，即$n^2-9n+8=0$，解得$n=8$或$n=1$(舍). 故$T_{r+1}=C_8^r x^{8-r}\left(\frac{1}{2x}\right)^r=\left(\frac{1}{2}\right)^r C_8^r x^{8-2r}$.

令 $8-2r=4$ 可得 $r=2$，所以 x^4 的系数为 $\left(\frac{1}{2}\right)^2 C_8^2=7$.

(2) 因为 $2n$ 是偶数，所以展开式的中间项是第 $\frac{2n}{2}+1$ 项. 根据展开式的通项公式知 $T_{n+1}=C_{2n}^n\cdot x^n\cdot\left(-\frac{1}{x}\right)^n=(-1)^nC_{2n}^n$.

【点评】 利用通项公式可以求出展开式中指定的项，如含 x^4 的项、某项的系数、中间项、展开式中的第几项等问题，求解时常常借助通项公式建立方程，体现了方程思想的应用.

二、求二项式中的特定项

例 2 (1) $\left(\frac{x}{2}+\frac{1}{x}+\sqrt{2}\right)^5$ 的展开式整理后的常数项是________.

(2) $(\sqrt{x}+\sqrt[3]{x})^{12}$ 的展开式中，含 x 的正整数次幂的项共有________项.

【分析】 (1) 题目给出的是三项式的形式，无法直接展开，故可考虑将其转化为二项式的形式.

(2) 可先利用通项公式得到展开式的一般项，然后找到满足题意的项.

【解析】 (1) $\left(\frac{x}{2}+\frac{1}{x}+\sqrt{2}\right)^5=\left[\left(\sqrt{\frac{x}{2}}+\sqrt{\frac{1}{x}}\right)^2\right]^5=\left(\sqrt{\frac{x}{2}}+\sqrt{\frac{1}{x}}\right)^{10}$，

故其通项公式为 $T_{r+1}=C_{10}^r\left(\sqrt{\frac{x}{2}}\right)^{10-r}\left(\sqrt{\frac{1}{x}}\right)^r=2^{\frac{r}{2}-5}C_{10}^rx^{5-r}$.

令 $5-r=0$，得 $r=5$，故常数项为 $2^{-\frac{5}{2}}C_{10}^5=\frac{63\sqrt{2}}{2}$.

(2) $(\sqrt{x}+\sqrt[3]{x})^{12}$ 的展开式的通项公式为

$T_{r+1}=C_{12}^r(\sqrt{x})^{12-r}(\sqrt[3]{x})^r=C_{12}^rx^{\frac{r}{3}+\frac{12-r}{2}}=C_{12}^rx^{6-\frac{r}{6}}$.

当 $r=0,6,12$ 时，含 x 的项的幂指数为正整数，故共有 3 项.

例 3 已知在 $\left(\sqrt[3]{x}-\dfrac{3}{\sqrt[3]{x}}\right)^n$ 的展开式中，第 6 项为常数项，求：

(1) n；

(2) 含 x^2 的项的系数；

(3) 展开式中所有的有理项.

【分析】 利用通项确定 n 的值，进而根据特定项的特征求解.

【解析】 $\left(\sqrt[3]{x}-\dfrac{3}{\sqrt[3]{x}}\right)^n$ 的通项公式为

$$T_{r+1}=C_n^r x^{\frac{n-r}{3}}(-3)^r x^{-\frac{r}{3}}=(-3)^r C_n^r x^{\frac{n-2r}{3}}.$$

(1) 因第 6 项为常数项，故 $r=5$ 时有 $\dfrac{n-2r}{3}=0$，解得 $n=10$.

(2) 令 $\dfrac{n-2r}{3}=2$，得 $r=\dfrac{1}{2}(n-6)=2$，故 x^2 的系数为 $C_{10}^2(-3)^2=405$.

(3) 由题意可知 $\begin{cases}\dfrac{10-2r}{3}\in \mathbf{Z},\\ 0\leqslant r\leqslant 10,\\ r\in \mathbf{Z}.\end{cases}$

令 $\dfrac{10-2r}{3}=k(k\in \mathbf{Z})$，则 $10-2r=3k$，即 $r=5-\dfrac{3k}{2}$. 因为 $r\in \mathbf{Z}$，所以 k 应为偶数，即 $k=2,0,-2$，则 $r=2,5,8$. 故第 3 项、第 6 项和第 9 项为有理项，它们分别为 $405x^2$，$-61\ 236$，$295\ 245x^{-2}$.

【点评】 (1) 对于求形如 $(a+b)^n$ 的展开式中的特定项的问题，常常将特定项的特征转化为通项公式所满足的特征，从而得到通项公式中 r 所满足的条件.

(2) 解本题时，为了减少失误，宜把根式都化成分数指数幂的形式.

师生就“两函数图象交点个数问题”的探析

【问题】 已知函数 $f(x)=-x^2+8x$，$g(x)=6\ln x+m$，问：是否存在实数 m，使得函数 $y=f(x)$ 的图象与 $y=g(x)$ 的图象有且只有三个不同的交点？若存在，求出 m 的取值范围；若不存在，请说明理由.

这是一个学生在一次高考质量检测卷中遇到的题目，一时不知如何下手. 于是他就这个问题与我探讨，下面是我们交流的过程，希望能对大家有所启发.

学生：对于两函数图象的交点个数问题，一般是通过画出两函数的图象，观察两个图象的交点个数来解决. 但本题作出 $f(x)$，$g(x)$ 两函数的图象后，它们的位置关系却不易判断.

老师：既然这个方法行不通，我们就考虑有没有其他方法.

学生：当然也可以考虑函数 $\varphi(x)=g(x)-f(x)$ 的零点个数.

老师：好，这样“函数 $y=f(x)$ 的图象与 $y=g(x)$ 的图象有且只有三个不同的交点”就转化为“函数 $\varphi(x)=g(x)-f(x)$ 的图象与 x 轴的正半轴有且只有三个不同的交点”. 现在的关键是如何画出函数 $\varphi(x)=g(x)-f(x)=x^2-8x+6\ln x+m$ 的图象. 想一想这种超越函数的图象应该怎样画.

学生：无法直接作出图象，可以先借助导数研究它的性质（单调性、极值等），然后利用性质来画.

老师：好，那么你来具体做一下吧.

学生：因为 $\varphi(x)=g(x)-f(x)=x^2-8x+6\ln x+m$，所以

$\varphi'(x)=2x-8+\dfrac{6}{x}=\dfrac{2x^2-8x+6}{x}=\dfrac{2(x-1)(x-3)}{x}(x>0)$.

当 $x\in(0,1)$时，$\varphi'(x)>0$，$\varphi(x)$是增函数；

当 $x\in(1,3)$时，$\varphi'(x)<0$，$\varphi(x)$是减函数；

当 $x\in(3,+\infty)$时，$\varphi'(x)>0$，$\varphi(x)$是增函数；

当 $x=1$ 或 $x=3$ 时，$\varphi'(x)=0$.

所以 $\varphi(x)_{极大值}=\varphi(1)=m-7$，$\varphi(x)_{极小值}=\varphi(3)=m+6\ln3-15$.

老师：那么当 x 趋向于 0 和 $+\infty$时的情况又怎样呢？

学生：当 x 趋向于 0 时，$\varphi(x)$趋向于$-\infty$；当 x 趋向于$+\infty$时，$\varphi(x)$趋向于$+\infty$.

老师：这样由 $\varphi(x)$的单调性、极值点及 x 趋向于 0 和$+\infty$的变化趋势，可以作出 $\varphi(x)$的大致图象. 你来画一下图象的大致形状.

学生：图象大致是双峰（）形状，与一般的三次多项式函数的图象类似.

老师：很好，既然这样，那么你再想一想，三次多项式函数对应方程的根的个数是怎么讨论的？

学生：考虑极值点处函数值的正负情况. 哦，我知道了，本题只需 $\varphi(1)\varphi(3)<0$.

老师：很好，那么下面你将这个题目完整地做一下吧.

学生：好的.

【解析】 函数 $y=f(x)$的图象与 $y=g(x)$的图象有且只有三个不同的交点，即函数 $\varphi(x)=g(x)-f(x)$的图象与 x 轴的正半轴有且只有三个不同的交点.

下面用导数来研究 $\varphi(x)$的性质，从而画出它的图象，通过图象研究当 $\varphi(x)$与 x 轴的正半轴有且只有三个不同的交点时应当满足的条件.（其性质在前面已讨论过）

由 $\varphi(x)$的单调性、极值点及 x 趋向于 0 和$+\infty$的变化趋势，可以作出 $\varphi(x)$的大致图象如下：

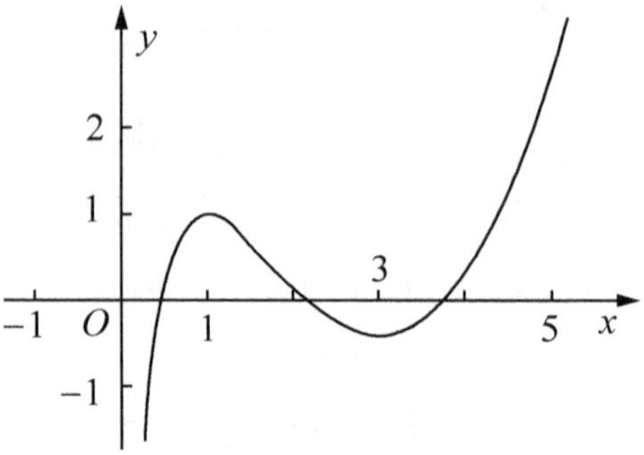

解析图

所以要使 $\varphi(x)$ 的图象与 x 轴的正半轴有三个不同的交点，必须且只需 $\varphi(1)\varphi(3)<0$，即 $(m-7)(m+6\ln 3-15)<0$，解得 $7<m<15-6\ln 3$.

故存在实数 m，使得函数 $y=f(x)$ 的图象与 $y=g(x)$ 的图象有且只有三个不同的交点，m 的取值范围为 $(7,15-6\ln 3)$.

老师：好了，下面我们一起来总结一下由本题得到的一些启示.

(1) 两函数的交点个数问题的讨论方法；

(2) 用导数来研究函数的性质和图象的方法；

(3) 讨论图象大致是一个类似于  或  的“双峰”形状的函数的零点个数的方法.

另外，在本题解题过程中，一定要注意体会导数的工具作用和数形结合思想的应用.

师生就一道向量题的探析

在学习平面向量时，我和学生就一道难度较大的典型问题进行了探讨，希望能对大家有所启示.

【问题 1】 设 O 是平面上的一个定点，A,B,C 是平面上不共线的三个点，动点 P 满足$\overrightarrow{OP}=\overrightarrow{OA}+\lambda\left(\frac{\overrightarrow{AB}}{|\overrightarrow{AB}|}+\frac{\overrightarrow{AC}}{|\overrightarrow{AC}|}\right)$，$\lambda\in(0,+\infty)$，则点 P 的轨迹一定通过$\triangle ABC$ 的 ( )

A. 外心 B. 内心 C. 重心 D. 垂心

其实这是一道高考题，是一道纯向量题，用单位向量来描述几何问题. 但学生首次接触此题时普遍感到比较难，不知如何下手. 以下是师生的共同探讨.

老师：对于这道题目，同学们有什么思路吗？

学生：我直接看不懂题目说了什么.

老师：其实这道题目的关键是对$\overrightarrow{OP}=\overrightarrow{OA}+\lambda\left(\frac{\overrightarrow{AB}}{|\overrightarrow{AB}|}+\frac{\overrightarrow{AC}}{|\overrightarrow{AC}|}\right)$的处理，你们看到这个式子后有什么思路？

学生：我觉得要对式子进行化简，可以将$\overrightarrow{OA}$移项，这样式子就变成了$\overrightarrow{AP}=\lambda\left(\frac{\overrightarrow{AB}}{|\overrightarrow{AB}|}+\frac{\overrightarrow{AC}}{|\overrightarrow{AC}|}\right)$，但下一步我就不知道怎么办了.

老师：非常好，接下来我觉得关键就是看$\frac{\overrightarrow{AB}}{|\overrightarrow{AB}|}+\frac{\overrightarrow{AC}}{|\overrightarrow{AC}|}$等于什

么，这里就得看$\frac{\overrightarrow{AB}}{|\overrightarrow{AB}|}$和$\frac{\overrightarrow{AC}}{|\overrightarrow{AC}|}$各表示什么. 那么同学们先思考一下$\frac{\boldsymbol{a}}{|\boldsymbol{a}|}$有什么意义. 我稍微提示一下，将式子写成$\frac{1}{|\boldsymbol{a}|}\boldsymbol{a}$，你们看它表示什么.

学生：它是实数和向量的数乘运算，还是一个向量，它的大小为1，方向与$\boldsymbol{a}$同向. 这样$\frac{\boldsymbol{a}}{|\boldsymbol{a}|}$就表示与$\boldsymbol{a}$同向的单位向量，而$\frac{\overrightarrow{AB}}{|\overrightarrow{AB}|}$和$\frac{\overrightarrow{AC}}{|\overrightarrow{AC}|}$分别表示与$\overrightarrow{AB}$和$\overrightarrow{AC}$同向的单位向量.

老师：同学们看看$\frac{\overrightarrow{AB}}{|\overrightarrow{AB}|}+\frac{\overrightarrow{AC}}{|\overrightarrow{AC}|}$表示什么，那么点$P$的轨迹一定通过$\triangle ABC$的什么心呢？

学生：$\frac{\overrightarrow{AB}}{|\overrightarrow{AB}|}+\frac{\overrightarrow{AC}}{|\overrightarrow{AC}|}$为一菱形的对角线，点$P$就在这个对角线所在的直线上，而菱形的对角线平分角$A$，因此点$P$的轨迹一定通过$\triangle ABC$的内心. 故选B.

老师：很好，这道题目我们解决了，那同学们再看看我们解决该问题的关键是什么.

学生：关键是对给定向量式的化简和对式子$\frac{\overrightarrow{AB}}{|\overrightarrow{AB}|}+\frac{\overrightarrow{AC}}{|\overrightarrow{AC}|}$意义的探索.

老师：是的，解决这类问题的关键就是两个方面. (1) 对给定的向量式进行合理的变形或化简；(2) 探索得到的向量式的几何意义（一般是利用向量的加法、减法和数乘运算的几何意义）. 下面我们按照这个思路来研究以下问题.

【问题 2】 已知A,B,C是平面上不共线的三个点，O是$\triangle ABC$内的一个点. 若$\overrightarrow{OA}+\overrightarrow{OB}+\overrightarrow{OC}=\mathbf{0}$，则$O$是$\triangle ABC$的 ( )

A. 外心　　　B. ‘内心　　　C. 重心　　　D. 垂心

学生：首先对式子进行变形，$\overrightarrow{OA}+\overrightarrow{OB}+\overrightarrow{OC}=\mathbf{0}$即为$\overrightarrow{OA}+\overrightarrow{OB}=-\overrightarrow{OC}$，如图所示.

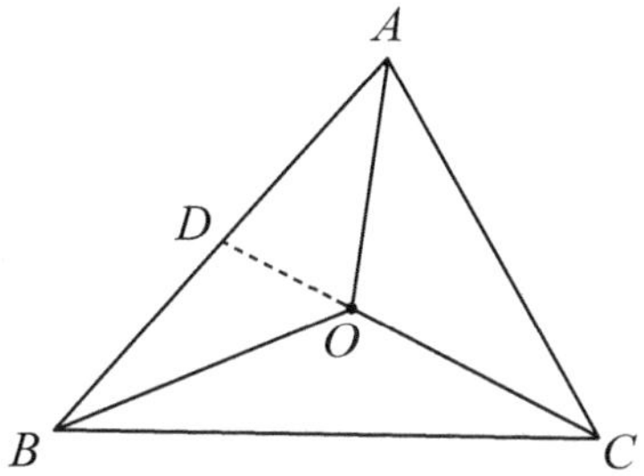

问题 2 图

取 AB 的中点 D，则$\overrightarrow{OA}+\overrightarrow{OB}=2\overrightarrow{OD}$，故$\overrightarrow{OC}=-2\overrightarrow{OD}$. 而向量式$\overrightarrow{OC}=-2\overrightarrow{OD}$表示 O，C，D 三点共线，且 OC 是 OD 长度的 2 倍，故 O 是$\triangle ABC$ 的重心.

老师：非常好，看来此类题目只要紧紧抓住两个方面(先对给定的式子变形和化简，然后考虑所得式子的几何意义)，就比较容易解决了. 对于问题 1，我将给定的式子$\overrightarrow{OP}=\overrightarrow{OA}+\lambda\left(\frac{\overrightarrow{AB}}{|\overrightarrow{AB}|}+\frac{\overrightarrow{AC}}{|\overrightarrow{AC}|}\right)$变为$\overrightarrow{OP}=\overrightarrow{OA}+\lambda\left(\frac{\overrightarrow{AB}}{|\overrightarrow{AB}|\cos B}+\frac{\overrightarrow{AC}}{|\overrightarrow{AC}|\cos C}\right)$，其他条件不变，则这时点 P 的轨迹一定通过$\triangle ABC$ 的什么心？希望感兴趣的同学可以试着探索一下(答案：垂心).